创新创业概论

主　编　杨爱华　黄红波

副主编　宋成多　蓝雪涛　仇小霞

参　编　（按姓氏笔画排序）

韦世杰　孔莹莹　刘艳飞　陈世辉

陈彦伶　易　滙　周　凡

中国言实出版社

图书在版编目（CIP）数据

创新创业概论 / 杨爱华, 黄红波主编 . — 北京：
中国言实出版社, 2022.9
　ISBN 978-7-5171-4165-5

　Ⅰ . ①创… Ⅱ . ①杨… ②黄… Ⅲ . ①创业—中等专
业学校—教材 Ⅳ . ①G717.38

　　中国版本图书馆CIP数据核字(2022)第 151544 号

创新创业概论

责任编辑：王战星
责任校对：张　丽

出版发行：中国言实出版社
　　　　　地 址：北京市朝阳区北苑路 180 号加利大厦 5 号楼 105 室
　　　　　邮 编：100101
　　　　　编辑部：北京市海淀区花园路 6 号院B座 6 层
　　　　　邮 编：100088
　　　　　电 话：010-64924853（总编室）　010-64924716（发行部）
　　　　　网 址：www.zgyscbs.cn　电子邮箱：zgyscbs@263.net

经　　销：新华书店
印　　刷：涞水建良印刷有限公司
版　　次：2022 年 10 月第 1 版　2022 年 10 月第 1 次印刷
规　　格：787 毫米 × 1092 毫米　1/16　9.75 印张
字　　数：243 千字

定　　价：38.00 元
书　　号：ISBN 978-7-5171-4165-5

前　言

创新是国家经济社会发展的核心驱动力。2016年5月20日中共中央、国务院发布《国家创新驱动发展战略纲要》，进一步强调了"创新驱动发展是面向未来的一项重大战略，科技创新必须摆在国家发展全局的核心位置"，党的十八大提出要实施创新驱动发展战略，强调科技创新是提高社会生产力和综合国力的战略支撑，必须摆在国家发展全局的核心位置。2022年5月1日起施行的《中华人民共和国职业教育法》规定职业教育是与普通教育具有同等重要地位的教育类型，目前我国拥有世界规模最大的职业教育体系，在建设创新型国家这一伟大的历史进程中，中职教育起着基础性、战略性的作用。

习近平总书记在十九大报告中指出，（中国将）积极促进"一带一路"国际合作，努力实现政策沟通、设施联通、贸易畅通、资金融通、民心相通，打造国际合作新平台，增添共同发展新动力。目前，我国与"一带一路"沿线国家贸易和投资合作不断扩大，形成了互利共赢的良好局面。在沿线国家建设75个境外经贸合作区，为当地创造20多万个就业岗位。本书在各章节遴选部分"一带一路"创新创业案例，在本书最后增设附录"'一带一路'创新创业案例分析"，以培养具备"一带一路"视角的创新创业人才，了解服务国家"一带一路"国际化战略。

全书共分为九个部分，通过讲述中职学生创新创业概述、创新思维与创新方法、创业者的素养、创业机会与创业模式、创业前的准备、创业团队的组建与管理、创办新企业、初创企业的成长与风险管理、附录，使学生能够较为系统地学习创新创业知识，为以后的创业做好准备工作。

本书由广西梧州商贸学校杨爱华、黄红波任主编，广西商贸高级技工学校宋成多、广西工贸高级技工学校蓝雪涛、梧州职业学院思政课教师仇小霞任副主编，广西梧州商贸学校孔莹莹、易滙，广西商贸高级技工学校韦世杰、陈世辉、刘艳飞，广西工贸高级技工学校陈彦伶、周凡参与编写。

由于编者水平有限，书中可能存在一些跟不上形势发展的观点，在此敬请各位使用者不吝赐教指正，以便我们在再版中加以修正、完善。

编　者

目 录

第一章
创新创业概述

第一节　创新与创新精神

一、创新的概念与意义

（一）什么是创新

创新是以新思维、新发明和新描述为特征的一种概念化过程，起源于拉丁语，它的原意包含了三层意思：一是改变；二是更新；三是创造新的东西。创新是人类特有的认识能力和实践能力，是人类主观能动性的高级表现形式，是推动民族进步和社会发展的不竭动力。

美籍经济学家熊彼特于1912年提出创新的基本内涵，总结为两方面：一方面是探索未知领域；另一方面是获得创造性成果。

（二）创新的意义

1. 创新是一个民族的灵魂，是一个国家兴旺发达的不竭动力

科学技术是第一生产力，强国的形成都离不开科学技术的发展，而科学技术的发展离不开创新，创新是现代科学技术发展的原动力，创新也是国强民富的必由之路。

2. 创新是提高国际竞争力的需要

当今国际竞争的实质是以经济和科技为基础的综合国力的较量，创新在国家实力中的作用加强，逐渐成为国家发展的源动力、综合国力的核心、国家竞争的关键因素。建设创新型国家，是当今世界范围内经济和科技竞争的决定性因素，是应对国际科技革命的挑战和提高我国国际竞争力的需要。

3. 创新是我国社会各方面发展的需要

我国正处于社会主义初级阶段，经济科技总体水平、民族科学文化素质、自主创新能力等有待提升，提高自主创新能力，建设创新型国家，可以缩小我国与发达国家在各方面的差距，提高我国国际竞争力。

二、创新意识与创新精神

（一）创新意识

意识，是人脑对客观物质世界的反映。它包括人脑在客观事物的刺激

创新意识与创新精神

下产生的思想、观点、感觉、动机和欲望。意识是行动的先导，人的意识支配人的行动。

创新意识是一种敢为人先、不断进取、求新求异的心理状态和思想意识，是人脑在不断运动变化中自觉产生的积极革故鼎新、改造客观事物现状的意愿和欲望。可以说创新意识就是解放思想、实事求是、与时俱进、敢闯难关、敢冒风险的意识，就是以创新的观念审时度势、以创新的勇气直面难题、以创新的精神策划未来的意识。

增强创新意识具有十分重要的意义，因为创新意识是进行创新活动的前提。事实证明，一切创新活动都是以创新意识为先导的，整个创新就是在创新意识支配下实现创新目标的思维活动和实践活动。同时，创新意识本身就是一种动力，是创新活动的推进器。它统御、支配人的创新能力，对创新能力的培养和提高具有萌发性、强化性和支持性的作用。

（二）创新精神

所谓创新精神，是指富有强烈创新意识的人在创新活动中，勇于冲破传统思想的束缚，勇于追求真理，勇于探索、开拓，勇于攀登科学高峰的革新进取精神。马克思曾经指出："人的价值蕴藏在人的才能之中，而人的才能的载体和杠杆，则始终在于人的创造思维和创造精神。"回顾灿烂的中华文明史，从古代的四大发明到现代的杂交水稻、汉字激光照排系统等众多的杰出创造，都表现出中华民族伟大的创新精神和不竭的创新动力。正是有了这种精神，中华民族才生生不息、古老而常新。

第二节　创业与创业精神

一、创业的定义与功能

（一）创业的定义

关于创业，不同的学者从不同的角度做出过各种解释。如有的学者从创业过程角度定义创业，有的学者从识别机会的能力角度去定义创业，有的学者从企业家个性与心理、创业机会、创建新组织等方面为创业下定义。

综合上述定义和教育部大纲的要求，本书将创业定义为"不拘泥于当前资源约束，寻求机会，进行价值创造的行为过程"。

创业作为一个过程，通常具有以下三个要点。

第一，创业者"不拘泥于当前资源约束"，主要指创业者在创业初期大都会经历资源缺乏的过程，但创业者不甘于资源供给的现状，努力突破资源束缚，通过资源整合来达到创业目标。

第二，创业者善于"寻求机会"，主要指创业者在创业前要努力识别商业机会，发现了商业机会，就会有进一步整合资源的动力。因此，寻求机会是产生创业活动的重要一环。

第三，创业者能够"进行价值创造"，主要指创业应该伴随新价值的产生。通常是通过以产品和服务的方式满足消费者，创造商业价值和社会价值。

（二）创业的功能

目前，创业在世界范围内已经形成一种新的经济形态，这种经济形态突出强调创新创业对社会经济发展的重要作用，即通过创新和创业发现市场空白，丰富市场供需，引领人们的消费，更好地满足市场多样性和消费者深层次的需求。

从某种程度上来讲，21世纪已经进入了一个全新的"创业时代"，创业正在改变社会，改变人们的生活。一方面，利用科学技术、思想观念创新的创业活动能够促进物质生产、生活方式的变革；另一方面，创业推动着社会经济的转型和不断升级，进而为整个社会不断提供新鲜的养分，提高整个国家的经济水平，推动经济的增长。正是借助创业型经济的优势，许多发达国家占得了全球市场的先机。

总体来说，创业的功能主要有以下四点。

（1）创业具有促进科技进步和繁荣市场的功能。

（2）创业具有增加就业机会的功能。

（3）创业具有调节社会资源配置的功能。

（4）创业具有帮助创业者实现人生价值的功能。

📖 案例分享

青年返乡创业，助力乡村振兴

"从大山走出来又回到大山"的彝族小伙立克拢拢，帮助所在村庄的115户612名贫困群众脱贫，推动村集体资产从零增至231.7万元；90后创业青年袁小梅从城市回到农村老家，发展养蜂产业，帮助乡亲致富；湖南省花垣县十八洞村的苗家女孩施林娇大学毕业后主动回到村里创业，通过拍摄短视频、直播等方式，让家乡的风景、美食、民俗、建筑为更多人所知……如今，越来越多的年轻人选择返乡创业，在实现自身梦想的同时，带动乡亲们就业致富。

习近平总书记强调："推动乡村全面振兴，关键靠人。"广袤的田野，蕴藏着无限的机遇与希望，为许多人提供了人生出彩的舞台。农业农村部数据显示，截至2022年4月，全国各类返乡入乡创业人员超过1 100万。《"十四五"农业农村人才队伍建设发展规划》明确提出，到2025年，培育100万名农村创业带头人，返乡入乡创业人员1 500万人。从发展种植养殖业、开办农家乐，到成为非遗传承人、发展农村电商，再到开发乡村旅游、创办小微企业……近年来，越来越多返乡创业人员用坚持、专业和热爱在农村挥洒汗水，为乡村振兴注入了强劲动能。

青年是整个社会力量中最积极、最有生气的力量，在返乡创业、振兴乡村中也扮演着重要角色。不少返乡创业的年轻人接受过良好的教育、有过在市场打拼的经历，具有开阔的视野、活跃的思维，了解市场需求，善于培育高效优质农产品，延长产业链、价值链。同时，这些返乡创业年轻人善学习、肯钻研，在实现自我成长的同时，也让更多人看到乡村发展的机遇，带动更多人投身乡村振兴这片热土。可以说，年轻人返乡创业，拓展了乡村产业，让资金、技术、人才等要素加速向农村汇聚。

如何吸引更多有抱负、有能力的年轻人返乡创业，考验着各个地方落实引才政策的力度和温度。栽好梧桐树，自有凤凰来。从大力发展乡村产业，成立创业园、搭建创业平台，到回应返乡创业人员具体诉求，出台各类支持政策；从在项目落地、资金筹措、精细服务、技术护航等方面提供保障，到完善人才服务乡村激励机制，让农村的机会吸引人、让农村的环境留住人……事实证明，凝聚政策合力，形成良好的干事创业环境，才能让返乡创业青年回得来、留得住、干得好，最大限度激发人才内在活力，让他们在农村广阔天地大施所能、大展才华、大显身手。

也需要看到，在泥土里扎下根基，从无到有、从有到优发展产业，蹚出一条新路来，可能遇到这样或那样的困难和挑战。从城市来到乡村打拼，同样面临角色的转换，需要适应从高楼大厦、灯火通明到田垄阡陌、鸟语虫鸣的环境变化；不少农业及相关的创业项目前期投入大、回报周期长，怎样打开局面、突破瓶颈、打造品牌等，都需要进行全面细致的考量。就此而言，返乡创业绝非轻而易举就能成功。走好这条路，离不开相关政策的支持，更需要返乡创业青年敢闯敢拼、不懈奋斗、攻坚克难、勇毅前行。

乡村振兴，是一个呼唤人才同时造就人才的舞台。返乡创业青年为乡村振兴添砖加瓦，广袤乡村回馈他们以更多人生出彩的机会。让愿意留在乡村、建设家乡的人留得安心，让愿意扎根田野、回报乡村的人更有信心，在这场乡村与返乡创业青年的"双向奔赴"中，青春之花必将在田间地头绚丽绽放，共同绘就产业兴旺、生态宜居、乡风文明、治理有效、生活富裕的美好图景。

（来源：邹翔.青年返乡创业，助力乡村振兴［N］.人民日报，2022-06-14.）

思考：

1.你觉得返乡创业体现了创业的什么功能呢？

2.你认为自己的故乡有什么尚未挖掘的创业点吗？

二、创业的类型与要素

（一）创业的类型

随着创业活动的日益广泛，创业活动的类型也呈现出多样化的趋势。了解创业类型，比较不同类型创业活动的特点，有助于我们更好地理解和

创业的类型与要素

开展创业活动。

1. 生存型创业与机会型创业

基于创业动机的不同，创业分为生存型创业与机会型创业。

2001 年，全球创业观察（Global Entrepreneurship Monitor,GEM）报告的撰写者雷若兹（Paul D.Reynolds）等依据创业者的创业动机最先提出了生存型创业和机会型创业的概念，并逐年对其进行丰富。在 2003 年的 GEM 报告中雷若兹等人提出，生存型创业是创业者为了生存，没有其他更好的选择而无奈进行的创业，显示出创业的被动性；机会型创业是创业者为抓住现有机会而进行的创业活动，虽然创业者还有其他的选择，但他们由于个体偏好而选择创业，是自发地开创自己的事业。

生存型创业往往是创业者受生活所迫、面对现有市场较为被动的选择。由于创业资源贫乏，从事的行业门槛较低，以消费者服务业为主。机会型创业则是创业者为追求更大的发展空间，通过发现或创造新的市场机会而进行的创业形态，具有创业起点高、创新性强、对经济发展有积极的影响等特征。两者的比较见表 1-1。

表 1-1　生存型创业与机会型创业的特征比较

创业条件	生存型创业	机会型创业
创业动机	生活所迫	职业选择
成长愿望	满足现状，小富即安	把握机会，做大做强
行业偏好	消费者服务业：零售、餐饮、家政服务等	商业服务业：金融、保险、咨询等
资金状况	以独资为主，缺乏资金	以多种方式融资，资金充足
创业者受教育程度	初等或中等教育，少数高等教育	多数高等教育
创业者承担风险意愿	规避风险	勇于承担风险
创业所处阶段	初始创业阶段	二次创业，连续创业

2. 个体创业与公司创业

根据创业主体不同的分类，创业活动可以分为个体创业和公司创业。

个体创业主要指与原有组织实体不相关的个体或团体的创业行为，而公司创业主要指由已有组织发起的创造、更新与创业活动。个体创业与公司创业同属创业活动。因此具有一些共同的特征，如机会导向、资源整合、价值创造、创新精神等，但是由于资源禀赋、组织形态、战略目标等方面的不同，两种创业形态在创业的风险承担、成果收获、创业环境、创业成长等方面也有很大的差异，见表 1-2。

表 1-2 个体创业与公司创业的特征比较

个体创业	公司创业
创业者承担风险	公司承担风险，而不是与个体相关的生涯风险
创业者拥有商业概念	公司拥有概念，特别是与商业概念有关的知识产权
创业者拥有全部权益或大部分权益	创业者或许拥有公司的权益，也可能只是很小部分
从理论上而言，对创业者的潜在回报是无限的	在公司内，创业者所能获得的潜在回报是有限的
个体的一次失误可能意味着生涯失败	公司具有更多的容错空间
受外部环境波动的影响较大	受外部环境波动的影响较小
创业者具有相对独立性	公司内部的创业者更多受团队的牵扯
在创业过程、试验和方向的改变上具有灵活性	公司内部的规则、程序和官僚体系会阻碍创业者的策略调整
决策迅速	决策周期长
低保障	高保障
缺乏安全网	有一系列安全网
在创业想法上，可以沟通的人少	在创业想法上，可沟通的人多
至少在初期存在有限的规模经济和范围经济	能够很快地达到规模经济与范围经济
严重的资源局限性	在各种资源的占有上都有优势

3. 独立创业和合伙创业

基于创业者数量不同的分类，创业活动可分为独立创业和合伙创业。

独立创业是指创业者独立创办自己的企业。其特点在于产权归创业者个人所有，企业由创业者自由掌控，决策迅速，但创业者要独立承担风险，创业资源整合比较困难，并且受个人才能限制。合伙创业是指与他人共同创办企业，其优势和劣势正好与独立创业相反。

4. 传统技能型创业、高新技术型创业和知识服务型创业

基于创业项目性质不同的分类，创业活动可分为传统技能型创业、高新技术型创业和知识服务型创业。

传统技能型创业是指使用传统技术、工艺的创业项目，如饮料、中药、工艺美术品、服装与食品加工等。这些独特的传统技能项目在市场上表现出经久不衰的竞争力。高新技术型创业是指知识密集度高，带有前沿性、研究开发性质的新技术、新产品创业项目。知识服务型创业是指为人们提供知识、信息的创业项目。当今社会，各类知识型咨询服务机构不断细化和增加，这类项目投资快、见效快、市场前景广阔。

5. 依附型创业、尾随型创业、独创型创业和对抗型创业

基于创业方向或风险不同的分类，创业活动可分为依附型创业、尾随型创业、独创型创业和对抗型创业。

依附型创业可以是依附于大企业和产业链而生存，在产业链中确定自己的角色，为大企业提供配套服务；也可以是特许经营权的使用，如利用某些品牌效应和成熟的经营管理模式进行创业。尾随型创业是指模仿他人所开办的企业和经营项目，一般是行业内已经有许多同类企业，创业者尾随他人，学着别人做。独创型创业是指提供的产品和服务能够填补市场空白，大到商品完全独创，小到商品的某个技术独创。对抗型创业是指进入其他企业已形成垄断地位的某个市场，与之对抗较量。如为针对 20 世纪 90 年代初外商在中国市场上大量销售合成饲料的局面，希望集团建立了西南最大的饲料研究所，定位于与外国饲料争市场，最终取得了成功。

6. 基于产品创新的创业、基于营销模式创新的创业和基于组织管理体系创新的创业

基于创新内容不同的分类，创业活动可分为基于产品创新的创业、基于营销模式创新的创业和基于组织管理体系创新的创业。

基于产品创新的创业是指基于技术创新或工艺创新的成果，产生了新的消费者群体，从而导致创业行为的发生。基于营销模式创新的创业是指采取了一种有别于其他厂商的市场营销模式，因而可能给消费者带来更高的满足感。基于组织管理体系创新的创业是指采取一种有别于其他厂商的企业组织管理体系，因而能更有效地实现产品的商业化和产业化。

7. 创建新企业和企业内创业

基于创业起点的不同，创业活动可分为创建新企业和企业内创业。

创建新企业是指创业者或团队从无到有地创建全新的企业组织。这个过程充满机遇，但风险和难度也很大。企业内创业是指在已有公司或企业内进行创新创建的过程，如企业流程再造。正是通过二次、三次乃至连续不断地创新创业，企业的生命周期才能不断地在循环中延伸。

（二）创业的要素

创业的要素包括机会、团队和资源。

创业是一个复杂的系统工程，这个系统由许多相互联系、相互作用的要素构成。那么，在创业中，核心要素包括哪些呢？不同的学者对此有不同的观点，见表 1-3。

表 1-3　不同学者创业核心要素观点一览表

学　者	创业要素
加纳	创业者、组织、环境、创业过程
内亚威利和福格尔	机会、创业能力、创业倾向、创业概率

学　者	创业要素
韦翰	机会、资源、创业者、组织
萨尔曼	机会、人和资源、外部环境、交易行为
蒂蒙斯	机会、资源、创业团队
克里斯蒂安	创业者、新事业的创立、创业流程管理、外部环境网络

在这些观点中，蒂蒙斯的观点最具代表性并易于理解。蒂蒙斯（Jeffry A.Timmons）是全球最具影响力的创业学者，有着"创业教育之父"之称，他提出了一个著名的创业要素模型——蒂蒙斯模型，如图1-1所示。他提炼出创业的关键要素——机会、资源、创业团队，认为创业是一个高度的动态过程，三大核心要素决定了创业的发展方向。

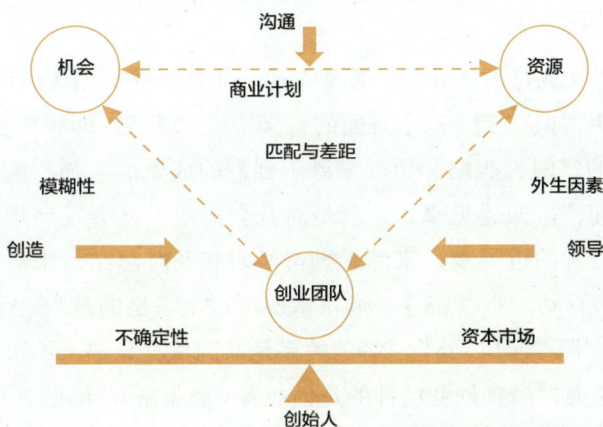

图 1-1　蒂蒙斯的"创业要素"模型

蒂蒙斯模型所表达的创业逻辑在于：在机会的驱使下，创业者在控制有限的资源和组建团队之后，商业计划得以展开。创业者的主要任务就是在动态的创业过程中，努力实现机会、资源和创业团队三个关键要素的匹配和平衡。在创业过程中，由于机会的模糊性、环境的不确定、资本市场的动荡等影响因素，创业的过程充满了各种风险。因此，团队要具备并发挥其创造力、领导力与沟通能力来分析差距，使之处于动态的平衡状态。

1.机会

创业机会是指创业者可以利用的商业机会。从创业过程角度来说，机会是创业的起点，创业过程就是围绕着机会进行识别、开发、利用的过程。

2.资源

创业资源是指新创企业在创造价值的过程中需要的特定资产。创业资源包括有形资产与无形资产，它是新创企业创立和运营的必要条件，主要表现形式为创业人才、创业资本、创业技术和创业管理等。

3. 创业团队

创业团队是指在创业初期（包括企业成立前和成立早期），一群才能互补、责任共担、愿为共同的创业目标而奋斗的人所组成的特殊群体。

在创业活动中，这三个要素都是不可或缺的。没有机会，创业活动就成了盲目的行动，很难实际创造价值；机会虽然普遍存在，但如果没有创业团队去识别开发，创业活动也不可能发生；创业团队不仅要会把握合适的机会，还需要资源，否则机会将无法被开发和利用。

三、创业精神的内涵、作用与培育方法

（一）创业精神

创业精神是创业的核心与灵魂。

1. 创业精神的内涵

创业精神，顾名思义就是敢于开创一番新事业，并且能够脚踏实地地为之奋斗的精神。

创业精神应由"胆""识""行"三个方面的含义构成。"胆"，即胆略勇气，就是不怕危险、不怕困难、敢于奋起的气魄。胆略和勇气来源于强烈的成就欲、强烈的创新意识、强烈的同情心和社会责任感。"识"，即远见卓识，就是对社会需求、社会发展规律的敏锐感受和准确理解。"识"，来源于正确的世界观，来源于勤奋学习和及时总结，来源于社会发展昭示给人的信息。"行"，即积极行动，艰苦奋斗。通常情况下，"行"指的是"知行合一"的艰苦奋斗的良好品质和崇高精神。"胆""识""行"三者的关系是共同依存、缺一不可的。

创业精神的载体是人，最具创业精神的是创业者（企业家），创业者与创业精神密不可分。从学者们对创业者的研究轨迹可以看出，创业者所承担的角色，从投机、冒风险到创新，是一个不断发展和丰富的过程。因而创业精神不单是投机与冒风险，更重要的是把握机会和不断创新，通过企业家的创业与创新活动，推动社会和经济不断发展。

因而，创业精神就是发现和把握商业机会，无论当时如何受资源的制约，都能努力通过创业，从无到有地创造和建立某些事物以满足社会需求、创造价值的活动过程。

2. 积极的创业意识和创业精神是创业成功的前提

创业意味着开创基业、开创事业，积极的创业意识和创业精神是创业成功的前提。但是，正如杨致远所说："创业者成功的机会非常少，不管是在中国还是在美国，创业能做到一个小成功，大概只是十分之一；中成功是百分之一；大成功大概是千分之一、万分之一。"美国有统计表明，要成为企业家，失败率是99%，只有1%的企业家能在市场上生存5年或更长时间，多数的小企业在头5年里就停业了。

既然创业成功的前景看起来如此暗淡，为什么还有众多的人选择这条路呢？首先，谋求生存乃至自我价值的实现可能是创业最主要的原动力；其次，开创自己的事业是最有希望实现致富的方式；再次，创业使得创业者能够控制自己的工作，自己决定何时何地怎样工作；最

后，即便创业失败，其所带来的有益经验会使创业者学会更好地应对失败，变得比以前更坚强，而这正是创业者所需的品质之一。

（二）创业精神的作用

1. 创业精神是推动社会经济转型的原动力

富有创业精神的创业者采用"新组合"打破原有经营方式，代之以新的、更好的经营方式，乃至推动转型升级，或成功创办各类小微型企业，创造就业机会、增加收入和减少贫困。正基于此，各国政府对创业的支持已成为一项极为重要的国家发展战略。根据对世界经济发展历史的考证，世界上经济发达的国家大都是企业精神强劲的典范。有的国家在现代化追赶时期，其创业精神大都表现强劲，这主要得益于国家政策创新释放了人们的创业精神；有的国家存在持久而强劲的创业精神，这主要得益于整个社会文化氛围的影响和人们价值的追求。

在中国，创业精神指数排名在前的地区大都是改革开放的前沿，是非公有制经济发展十分活跃的地区。根据近年来以中小微型企业为主体的非公有制经济对各省（区、市）国内生产总值（GDP）的贡献率来看，贡献率超过60%的广东、江苏、浙江等省份均是私营企业数超过70万户、注册资金总额超过2万亿元的地区，并在地区GDP、城乡居民工资性收入和财产性收入、拥有百强县数量等方面的排名皆位于全国前列。

2. 创业精神是个人实现人生价值的激励源泉

人活着应该有一定的梦想和追求，自我实现是人生追求的最高境界。马斯洛的需求层次论告诉我们，人类需要温饱、安全、关爱与归属感，但自我实现的最高需求层次则很少有人能够达到。

个人创业对于今天的中国具有更为现实的意义。在创业精神激励下，创业者从事自己愿意做的事，按自己的意愿开拓属于自己的事业。创业过程尽管艰辛但能给创业者带来很多乐趣，当内心的想法一步步得到实施，当亲手创建的公司一天天成长，当财富一年年积累，当业绩一次次得到社会认可时，成就感、满足感和自豪感就会油然而生，人生价值得以在创业中实现。而且，当创业者的财富积累到一定的程度后，往往就会有更高层次自我实现的欲望，这时的创业者往往以自己的财富来造福他人、造福社会，个人的创业精神就会发挥得淋漓尽致。

3. 创业精神是和谐社会的稳定剂

弘扬创业精神、促进企业家成长有利于推进社会主义和谐社会的建设。每个人的创业精神可以体现在创立个人事业、服务于国家和社会的大业中。一个具有创业精神的人，不管他在社会生活中从事什么样的工作，担任什么样的职务，都会有更高的积极性、更富于创造性，这正是构建社会主义和谐社会的力量之源。

构建社会主义和谐社会首要的任务就是消除社会中的不和谐或影响和谐的因素，而解决就业矛盾就是其中很重要的方面。就业是民生之本，创业是就业之基。就业离不开创业，创业是最积极、最主动的就业，创业者通过"自谋职位"和"自我雇用"实现就业的倍增效应。在就业弹性不断下降的背景下，"以创业促就业"是解决我国就业问题，特别是农村大量富余劳动力就业问题的重要途径，对于构建和谐社会具有深远的战略意义。

（三）创业精神的培育方法

培育当代学生的创业精神是建设创新型国家和人力资源强国的战略举措，是深化高等教育教学改革、提高人才培养质量、促进学生全面成长成才的重要途径。

1．在全社会大力弘扬创业文化

建设创新型国家，培育学生的创业精神，必须在全社会，尤其是在校园大力营造创新创业文化氛围，为创新创业型人才成长创造良好的社会环境。

中国有着几千年的悠久历史和灿烂文化，中华大地物华天宝、人杰地灵，历史上名人辈出，积淀了深厚的历史文化资源。充分利用和开发这些资源，发展先进文化，加快人文精神建设，对于全社会进一步凝聚和弘扬创业精神，推动创新型国家建设，具有重要作用。

培育创业精神、弘扬创业文化，首先，要破除"官本位"意识，打破"学而优则仕""商而优则仕"的传统观念，通过创业教育引导学生走向市场，成为全民创业的倡导者和先行者；其次，要使艰苦创业、自主创业、全民创业成为当代思想文化的显著特征，把社会各个阶层和全体建设者建设和谐社会的积极性充分调动起来，使一切有利于创新创业的愿望得到尊重，创业活动得到支持，创业成果得到肯定。

2．构建并完善创业型经济体系

创业精神产生于特定的经济和政治体系中。诺贝尔经济学奖获得者罗伯特·蒙代尔（Robert A. Mundell）认为，企业家精神的培养不仅需要领导力、创造力、冒险精神等这些来自企业家自身的内功，成长环境同样也非常重要。企业家所处的环境自由度对于塑造企业家精神非常重要，政府应该为企业家提供自由发展的环境。

政府应当深化体制机制改革以激发人们的创业精神，着力改善软环境，加大开放力度，加快转变政府职能，为创业者和企业创造公平竞争的市场环境。为此，必须加快消除制约创业的制度障碍，建立创业绿色通道，降低创业门槛，扩大和规范市场准入，减少行政审批，规范行政执法，切实降低创业成本。通过优化制度环境，从体制机制层面到政策法规层面全面构建并完善创业型经济体系，充分释放和激发民众的创业热情，让最稀缺的企业家资源充分配置，以创造最大的经济价值和社会价值。

构建并完善创业型经济体系还必须建立健全创业服务体系，落实《中华人民共和国中小企业促进法》，建立对小企业服务体系的财政支持制度，通过政府购买服务的方式，引导各类社会中介组织为创业者提供服务。根据各地产业布局和资源优势，加快建立健全为创业者提供服务的专门机构，支持创业辅导（孵化）基地建设，为小企业提供创业咨询、创业培训、政务代理、市场开拓、信息咨询等一条龙服务，努力形成功能完备的创业辅导服务网络。根据企业创业期出现的问题，适时提供管理咨询、法律咨询、技术支持等服务，提高创业者的创业能力和小企业的成活率。

互动游戏

美丽风景线

一、游戏目的

了解每个人的创新能力，认识敢于向"答案"挑战。

二、游戏程序

（1）发给学生带有图1-2的纸。

（2）请学生一笔连接图1-2上所有的点，看谁连接出来的最富有意义。

三、游戏准备

图 1-2　互动游戏示意图

准备好印有图1-2的影印件。

"一带一路"国家简介

以色列

以色列国（The State of Israel），简称以色列，位于亚洲西部，东接约旦，东北部与叙利亚为邻，南连亚喀巴湾，西南部与埃及为邻，西濒地中海，北与黎巴嫩接壤，是亚、非、欧三大洲结合处。以色列国的面积为15 200平方千米。2017年，中以两国宣布建立创新全面伙伴关系，双边关系迈上新台阶。

第一节　创新思维的内涵

一、创新思维的概念

创新思维，又称为创造性思维，是指发明或发现一种新方式用以处理某件事情或表达某种事物的思维过程。它是一个相对概念，是相对于常规思维而言的。它意味着开动脑筋、用智慧解决问题。

创新思维的概念

以前人们一提起创新，总认为它指创造发明之类的较大的新思想与结果的产生。在 20 世纪前半叶，创新思维还被认为是天才专有的神秘天赋；到 20 世纪 60 年代以后，人们才逐渐形成一种较实际的观点，认识到创新思维是每个人都拥有的思维形式，一个人只要他会选择不同的行走路线，他就已经会创新了。

二、创新思维的应用

创新思维主要有以下两种应用。

（1）日常的创新。创新是常规思维的一部分，可以用于任何需要思维的场合，无须做出任何正式或刻意的努力就可以产生。如那些天生具有创造性或受到激励具有创造性思维的人会不知不觉地运用创造性思维。

（2）特定的创造。这种创新通常基于明确的需要，个体要做出刻意的努力，运用系统方法来产生新想法，如企业管理创新、营销创新、制度创新都属于此类。

通过创新思维应用而改变世界的例子不胜枚举。如我国东汉时期的蔡伦，他发明了一种简易的造纸法，这种轻便而廉价的纸淘汰了沉重的竹简，在多数场合下代替了昂贵的丝帛，打破了贵族阶层对知识的垄断，使得普通的劳动人民也能够接受教育，这项创新对中华文明的发展具有不可估量的意义。

第二节　常用创新思维

一、发散思维

（一）发散思维的概念

发散思维又称放射思维、辐射思维、扩散思维和求异思维，是指大脑在思考时呈现的一种扩散状态的思维模式。可以通过从不同方面思考同一问题，如"一题多解""一事多写""一物多用"等方式，犹如光源向四面八方辐射光线一样，培养发散思维能力。

发散思维就像一棵树，如果说一件事情是"树"的主干，那么它的枝丫、叶子、根茎等就是思维迁移的结果，迁移类比能力越强，自然枝丫、叶子、根茎等就越茂盛。这里的营养就是人本身在生活中积聚的见识和认知，这种积淀越深厚，迁移出来的深层认知就越正确，包含的也就越广阔。

因此说发散思维，是一种触类旁通、由此及彼的思维方式，它具有流畅性、变通性、独特性和多感官性的特点。

（二）发散思维的作用

发散思维具有以下三方面的积极作用。

1. 核心性作用

发散思维在整个创新思维结构中的核心作用十分明显。

想象是人脑创新活动的源泉，联想使源泉汇合，而发散思维就为这个源泉的流淌提供了广阔的通道。发散思维从一个小小的点出发，冲破逻辑思维的惯性，让想象思维的翅膀在广阔的太空自由地飞翔，创造性想象才得以形成。

2. 基础性作用

创新思维的技巧性方法中，有许多都是与发散思维密切相关的。著名的"奥斯本智力激励法"中的最重要的一条原则就是自由畅想，它要求不受一切限制地去寻找解决问题的办法，这实际上就是鼓励参与者进行发散思维。

3. 保障性作用

发散思维的主要功能就是为随后的其他思维提供尽可能多的解题方案。这些方案不可能每一个都十分正确、有价值，但是一定要在数量上有足够的保证。如果没有发散思维提供大量的可供选择的方案、设想，其他思维就无事可做。可见，发散思维在整个创新思维过程中，实际上是起着后勤保障的重要作用。

（三）发散思维的方法

1．一般方法

材料发散法——以某个物品尽可能多的"材料"，以其为发散点，设想它的多种用途。

功能发散法——从某事物的功能出发，构想出获得该功能的各种可能性。

结构发散法——以某事物的结构为发散点，设想出利用该结构的各种可能性。

形态发散法——以事物的形态为发散点，设想出利用某种形态的各种可能性。

组合发散法——以某事物为发散点，尽可能多地把它与别的事物进行组合成新事物。

方法发散法——以某种方法为发散点，设想出利用方法的各种可能性。

因果发散法——以某个事物发展的结果为发散点，推测出造成该结果的各种原因，或者由原因推测出可能产生的各种结果。

2．假设推测法

假设推测法即假设的问题不论是任意选取的，还是有所限定的，所涉及的都应当是与事实相反的情况，是暂时不可能的或是现实不存在的事物、对象和状态。由假设推测法得出的观念可能大多是不切实际的、荒谬的、不可行的，这并不重要，重要的是有些观念在经过转换后，可以成为合理的、有用的思想。

3．集体发散法

集体发散法即发散思维不仅需要用上自己的全部大脑，有时候还需要用上身边的无限资源，集思广益。集体发散常用的另外一种方法是"635"法，它是德国人鲁尔已赫针对德国人惯于沉思的性格特点，在奥斯本的"头脑风暴法"的基础上进行改良得出的。其具体运用是首先召开会议，给与会的6人每人发几张卡片，每张卡片上标出1、2、3，每人在5分钟内提出3个设想，然后将卡片传给右邻的与会者，这样半小时内可以传递6次，一共可以产生108个设想。这个方法可以避免由于竞争发言使设想遗漏的情况。

二、收敛思维

（一）收敛思维的概念

收敛思维又称聚合思维、求同思维和集中思维。其思维的特点是，以截然不同事物的特性为基点，从事物的边界出发，向中心移动。收敛思维以问题为中心，围绕中心组织信息，从不同方面向中心收敛，以达到解决问题的目的。收敛思维犹如下象棋，所有步骤的最终目的就是"将"死对方的帅。

收敛思维和发散思维共同构成创新思维的最基本方式。发散思维外张，收敛思维内敛，两者既对立又统一，构成创新思维的最基本框架。收敛思维的修炼就需要在思维的深刻性和精确性上下功夫。

发散思维是收敛思维的前提和基础，没有发散思维所提出的众多方案、设想和意见，收敛思维就成了无源之水、无本之木，根本无法进行；收敛思维又是发散思维的目的和中心，离开了收敛思维这个中心，发散思维就成了一盘散沙，成为无目的的盲目发散，根本不会取得什么创造成果。因此，在创造性思维过程中，必须将发散与收敛两种思维结合起来。

收敛思维在教学中应用甚广，收敛思维是在发散思维充分展开后，通过分析、讨论、比较得出最佳答案的思维过程，使学生能从共性中找出个性，或从个性中总结出共性，抑或是通过推理归纳总结去发现规律，这就是发散思维与收敛思维的有机结合。

（二）收敛思维的运用

收敛思维以某种研究对象为中心，将众多的思路和信息汇集于这个中心点，通过比较、筛选、组合、论证从而得出在现有条件下解决问题的最佳方案。寻求这个最佳方案，需要通过锁定、剥离、聚焦三个环环相扣的阶段。

1. 锁定

收敛性思维的第一阶段就是寻找自己要找的目标，是"众里寻他千百度"的阶段。在这个阶段，先搜寻目标，进行观察，再做出判断。

2. 剥离

经过"众里寻他千百度"之后，发现在"灯火阑珊处"的"那人"，是不是要寻找的目标呢？这需要运用逻辑分析能力层层剥离那些表面的、复杂的、枝节的部分，直逼核心。

3. 聚焦

经过层层剥离之后，就逐步地接近问题的实质，这时，需要集中所有的精力于问题的沉思上。通过这种定向、定点的思考，思维达到一定的纵深度和穿透力，从而揭示出问题的实质。如果说发散思维体现了"由此及彼"和"由表及里"的思维过程，那么收敛思维就体现了"去粗取精"和"去伪存真"的思维过程。

三、逆向思维

（一）逆向思维的概念

逆向思维也叫求异思维，它是对司空见惯的似乎已成定论的事物或观点反过来思考的一种思维方式。敢于"反其道而行之"，让思维向对立面的方

逆向思维

向发展，从问题的相反面深入地进行探索，树立新思想，创立新形象。人们习惯于沿着事物发展的正方向去思考问题并寻求解决办法。其实，对于某些问题，尤其是一些特殊问题，从结论往回推，倒过来思考，从求解回到已知条件，反过去想或许会使问题简单化。

掌握和运用逆向思维会带来四点优势：首先，在日常生活中，常规思维难以解决的问题，通过逆向思维却可能轻松破解；其次，逆向思维会使你独辟蹊径，在别人没有注意到的地方有所发现、有所建树；再次，逆向思维会使你在多种解决问题的方法中获得最佳方法和途径；最后，生活中自觉运用逆向思维，会将复杂问题简单化，从而使办事效率和效果成倍提高。

📖 案例分享

逆向思维把中国茶卖给国外年轻人

中国茶业历史悠久，品牌化的茶叶市场也早早成熟，同时，茶叶附加值高，方便仓储运输，是非常适合做电商的产品。正由于此，茶叶市场已经是一片红海。因此，新进入的创业者面临着更艰难的挑战。

把中国茶卖给外国人

任思怡是一位海归外企高管，毕业于欧洲著名商学院Esade商学院，之后在德国一家机械制造公司工作。她爱喝茶，也经常举办茶话会，在这些活动中，任思怡发现，不少外国人和中国人的喜好类似，同样爱喝茶，并且非常喜欢中国茶。

只不过，中国茶文化太过传统和深厚，和年轻人之间有距离。那么，为什么不抛弃那些厚重的"包裹"，让传统的中国茶变得新鲜、有趣、还有些国际化的味道呢？

于是，2016年任思怡创办了茶品牌Tea Plays，把产品瞄准海外市场，定位19—35岁年轻女性消费者。

产品、包装、场景设计，三招塑造品牌形象

如何在中国茶的基础上，塑造有趣、时尚的形象，让外国人也能爱上？Tea Plays从三方面入手。

首先，产品设计上采用混合功能茶，首批推出四款产品：早茶、醒脑茶、下午茶和温馨茶。以名为"Good Morning"的早茶产品为例，它以云南的滇红茶为主，添加了金盏菊和薄荷叶，提神醒脑，适合上午饮用。

其次，在品牌和包装设计上。Tea Plays这个名字本身就足够有趣，其产品采用糖果式的包装，包装纸由团队中的巴西设计师Gustavo负责。一个值得注意的细节是，Tea Plays的包装纸一方面是环保材料；另一方面可以用来进行再设计，因为包装纸的图文非常适合进行插画、拼图等创作。

最后，在各个应用场景推广。区别于传统茶叶品牌对于茶文化的宣传，Tea Plays极力把品牌形象切入到场景中。比如，早起后喝杯早茶；上午工作间隙，跟同事头脑风暴的时候来一杯"醒脑茶"等，都使其品牌形象变得更加丰满。

Tea Plays模式的优势在于用小团队对接产地和消费者两端，然后以逆向思维为基础，依靠团队强大的品牌营销能力，把中国本土茶进行品牌包装，推向国际市场。从这个角度

来看，Tea Plays 就不限于中国 3 000 亿人民币的传统茶叶市场，而是以品牌为驱动力的非理性消费大市场，根据波士顿咨询公司的数据，仅中国和印度就能达到 1 000 万亿美元的规模。

（来源：郑伦.让传统茶时尚化！她用逆向思维把中国茶卖给国外年轻人［EB/OL］.天下商网，2017-04-14.https://www.jiemian.com/article/1237251.html）

思考：

1.你觉得 Tea Plays 成功在哪里？

2.你觉得还有哪些历史悠久的中国产品可以推向国外？

（二）逆向思维的特征

1.普遍性

逆向思维在各种领域、各种活动中都有适用性，由于对立统一规律是普遍适用的，而对立统一的形式又是多种多样的，有一种形式，相应地就有一种逆向思维的角度。因此，逆向思维也有无限多种形式。

2.批判性

逆向是与正向相较而言的，正向是指常规的、常识的、公认的或习惯的想法与做法。逆向思维则恰恰相反，是对传统、惯例、常识的反叛，是对常规的挑战。它能够克服思维定式，破除由经验和习惯造成的僵化的认识模式。

3.新颖性

循规蹈矩的思维并按传统方式解决问题虽然简单，但容易使思路僵化、刻板，摆脱不掉习惯的束缚，得到的往往是一些司空见惯的答案。其实，任何事物都具有多方面的属性。由于受过去经验的影响，人们容易看到熟悉的一面，而对另一面视而不见。逆向思维则能克服这一障碍，往往能出人意料，给人耳目一新的感觉。

（三）逆向思维的原则

1.敢想敢说勇于创新的原则

学会逆向思维，敢于提出与众不同的见解，敢于破除习惯的思维方式和旧的传统观念的束缚，跳出因循守旧、墨守成规的框框，大胆设想。

2.严谨积极的原则

逆向思维要经得起推敲，避免表面化、浅层次的思考问题。

3. 遵从规律避免极端的原则

逆向求异应在一定的语言环境或特定的社会背景中进行，只有严格遵循客观规律，准确把握事物的本质，才能避免从一个极端走向另一个极端。如"螳臂当车"，贬抑螳螂已成共识，你若想褒扬它，想借此改变人们的传统观念，人们将难以赞同。

4. 尊重科学不伤感情的原则

逆向虽具有普遍性，但那些违反科学道理，有悖于人们共识和伤害人感情的"逆向"，都是不可取的。

四、联想思维

（一）联想思维的概念

创造和发明离不开联想。那么什么是联想？《辞海》是这样解释的："由一事物想到另一事物的心理过程。由当前的事物回忆起有关的另一事物，就是联想。"

联想思维是从一概念想到其他概念，从一事物想到其他事物的一种思维方式。联想思维由此及彼、由表及里、形象生动、无穷无尽。

（二）联想思维的分类

1. 相似联想

相似联想是指由某一事物或现象想到与它相似的其他事物或现象，进而产生某种新设想。相似联想反映事物间的相似性和共性。一般的比喻都是借助相似联想，如以风暴比拟革命形势，以苍松翠柏形容坚强的意志等。

2. 接近联想

接近联想是指从某一思维对象想到与它有接近关系的思维对象上去的联想思维。这种接近关系可能是时间和空间上的，也可能是功能和用途上的，还可能是结构和形态上的。

3. 对比联想

对比联想指联想物和触发物之间具有相反性质的联想。如看到白色想到黑色。

4. 因果联想

因果联想源于人们对事物发展变化结果的经验性判断和想象，触发物和联想物之间存在一定因果关系。如看到蚕蛹就想到飞蛾，看到鸡蛋就想到小鸡。

5. 接近联想

接近联想指联想物和触发物之间存在很大关联或关系极为密切的联想。如看到学生想到教室、实验室及课本等相关事物。

（三）联想思维的原则

1. 联想思维必须源于且高于现实

世界是物质的，但人却是有主观能动性的。如果违背了世界的物质性原理，就会陷入遐想的胡同；如果墨守成规不敢大胆设想，就会故步自封。

木头和雕刻刀早已有之，然而在此之前却没有活字印刷；红宝石、电子技术和真空技术等同样早已有之，然而在梅曼之前却没有激光器。

如果因为现实中还没有出现就不敢想、不敢说，甚至别人想了、说了，自己还嘲笑，这肯定会扼杀许多新思想、新观念抑或是新的产品和事物。

2. 联想思维必须遵循事物发展的规律

联想与类比都是联想思维得以展开的基础和前提。因此，我们一方面要尽可能将多种事物联系起来；另一方面也要遵循事物发展的客观规律，不能盲目地联想和类比。积累有关对象的共同属性是运用联想思维创新法的必要条件，并且要善于抓住事物的本质联系。

3. 联想思维必须有一定的知识积累

人的想象力不是凭空产生的，丰富的知识与经验是想象的基础材料，想象把过去的知识经验加工、改造形成新的信息。有了丰富的知识与经验，大脑的信息触点便会活动起来，推动想象的翅膀。因此，要培养想象力，就必须注意从多方面积累知识和经验。一个人的知识经验越是丰富，想象力就越宽阔，创造成功的可能性就越大。

五、组合思维

（一）组合思维的概念

组合思维又称连接思维或合向思维，是指把多项貌似不相关的事物通过想象加以连接，使之变成彼此不可分割的新的整体的一种思考方式。

组合创新这种方法很常见，也很实用，就是利用事物的属性进行组合、进行创新。

（二）组合思维的特征

1. 创新性和继承性

并不是说所有的组合就是创新，而是只有巧妙的组合能够产生伟大的创新。从总体来讲，组合的结果产生了世界上原本没有的事物；从其构成细节来讲，大多数巧妙的组合是将世界上已有的事物，以新的形式进行重新组合，并产生新的功效。因此，组合思维同时兼具了创新性与继承性两个特征。

兼具创新性和继承性的组合是任意的，各种各样的事物要素都可以进行组合。如不同的物品、材料、颜色、形状、状态、性能、领域、声音或味道、功能或目的、组织或系统、机构或结构、技术或原理、方法或步骤、两种事物之间或多种事物之间都可以进行组合。组合的形式可以是各要素或事物之间的结合、联合、混合、综合、化合，不是简单的罗列和机械的叠加。

因此创新性组合有以下三个要点。

（1）由多个要素组合在一起。

（2）所有要素都为单一的目的共同起作用，它们相互支持、促进及补充。

（3）能产生新的效果，这个效果大于组合前各要素单独效果之和，即达到"1+1>2"的飞跃。

2. 广泛性

世界上很多事物都是组合而来的，组合法广泛适用于各个领域。就生活中十分普遍的现象来说，作家的工作是进行文字的组合；音乐家的工作是对音符的组合；一日三餐是饭菜的组合；服装是衣裙鞋帽袜的组合；电器是电子组件和材料的组合；还有组合柜、组合音响、饰品组合；等等。生活中，组合无处不在。因此，组合思维的广泛性主要体现在范围广泛、普及度高、形式多样、方法灵活等方面。

六、灵感思维

（一）灵感思维的概念

灵感思维是指凭借直觉而进行的快速、顿悟性的思维。现代科学研究表明，灵感是大脑的一种特殊技能，是思维发展到高级阶段的产物，是人脑的一种高级的感知能力。正如著名科学家钱学森所说："我认为现在不能以为思维仅有逻辑思维和形象思维这两类，还有一类可称为灵感。也就是人在科学和文艺创作的高潮中，突然出现的、瞬息即逝的短暂思维过程。它不是逻辑思维，也不是形象思维，这两种思维持续的时间都很长，以致人们所说的废寝忘食。灵感时间极短，几秒钟而已。总之，灵感是又一种人们可以控制的大脑活动，又一种思维，也是有规律的。"

（二）灵感思维的特征

灵感思维是在无意识的情况下产生的一种突发性的创造性思维活动。它与形象思维和抽象思维相比，主要有以下三个方面的特征。

1. 突发性

灵感往往是在出其不意的刹那间出现，使长期苦思冥想的问题突然得到解决，意想不到。这是灵感思维最突出的特征。

2. 偶然性

灵感在什么时间可以出现，在什么地点可以出现，抑或在哪种条件下可以出现，都使人难以预测而带有很大的偶然性，往往给人以"有心栽花花不开，无意插柳柳成荫"之感。

3. 模糊性

灵感的产生往往是闪现式的，而且稍纵即逝，它所产生的新线索、新结果或新结论使人感到模糊不清。要精确，还必须有形象思维和抽象思维辅佐。灵感思维所表现出的这些特征，从根本上说都是来自它的模糊性。形象思维、抽象思维都是有意识地进行的，而灵感思维则是在无意识中进行的，这是它们的根本区别所在。

第三节　常用创新方法

一、模仿创新法

常用创新方法

人们学习时，总是以模仿开始。同样，人们要提高自己的创新能力，也可以先从模仿开始。模仿就是把眼前和过去的东西通过自己的头脑再造出来，是一种再造想象。通过模仿，人们能够认识事物的外部和内部特点。

模仿创新法就是一种人们通过模仿旧事物而创造出与其相类似的事物的创造方法，主要特点是通过模拟、仿制已知事物来构造未知事物。从模仿的创造性程度而言，可分为机械式模仿、启发式模仿和突破式模仿三种，如图 2-1 所示。

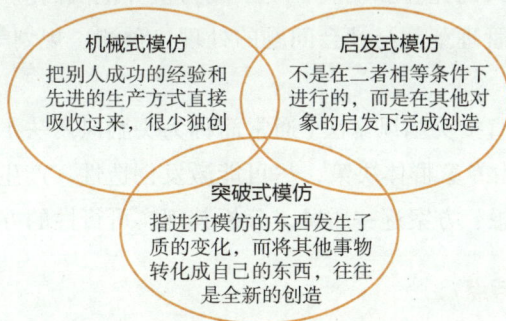

机械式模仿
把别人成功的经验和先进的生产方式直接吸收过来，很少独创

启发式模仿
不是在二者相等条件下进行的，而是在其他对象的启发下完成创造

突破式模仿
指进行模仿的东西发生了质的变化，而将其他事物转化成自己的东西，往往是全新的创造

图 2-1　三种常用的模仿创新方法

在创新开发实践过程中，模仿一般应通过以下几种途径入手。

（1）原理性模仿。运用已知事物的运作原理，去构建新事物及其运作机制。如电脑就是模仿人脑设计而成的。

（2）形态性模仿。模仿已知事物的形状和特征等形态要素，形成新事物的创造性方法。如长沙世界之窗就是按照世界各国和我国的景观修建的。

（3）结构性模仿。模仿已知事物的结构特点，利用其结构来创造新事物的方法。如复式住宅来自对双层公共汽车结构的模仿。

（4）功能性模仿。以一种事物的某种功能要求为出发点，模仿而产生其他类似的事物。如人们受到智能相机的启发，正准备研制出全智能操作的傻瓜电脑。

（5）仿生性模仿。以生物界事物的生存和发展的原理、功能、形状等作为参照物进行模仿创造的方法。仿生性模仿包括技术性仿生、原理性仿生、信息性仿生等。

模仿创新法是在运用创新思维时经常用到的一种方法，这种方法的运用使我们的生活产生了巨大的变化。"一切与发明创造有关的事物，都是借来的，美与形莫不如此。"

二、头脑风暴法

（一）头脑风暴法的概念

头脑风暴法（Brain Storming，BS）又称智力激励法或自由思考法（畅谈法、畅谈会、集思法）。它是由"美国创新技法和创新过程之父"亚历克斯·奥斯本于1939年首次提出，1953年正式发表的一种激发创造性思维的方法。

头脑风暴（BrainStorming），最早是精神病理学上的用语，是就精神病患者的精神错乱状态而言的，而现在则成为无限制的自由联想和讨论的代名词，其目的在于产生新观念或激发创新设想。作为一种创造方法，它在韦氏大词典（Merriam-Webster）中被定义为一组人员通过开会方式对某一特定问题出谋献策，群策群力，解决问题。这种方法的特点是克服心理障碍、思维自由奔放、打破常规、激发创造性的思维活动、获得新观念，并创造性地解决问题。奥斯本创建此法最初是用在广告的创造性设计活动中，取得了很大成功。后经本人不断改进以及泰勒、帕内斯、戈登等人的完善和发展，终于成为世界范围内应用最广泛、最普及的集体创造方法，在技术革新、管理革新与社会问题的处理、预测、规划等许多领域都显示了它的威力。

头脑风暴法又可分为直接头脑风暴法（通常简称为头脑风暴法）和质疑头脑风暴法（也称反头脑风暴法）。前者是由专家群体决策，尽可能激发创造性，产生尽可能多的设想的方法；后者则是对前者提出的设想、方案逐一质疑，分析其现实可行性的方法。

（二）头脑风暴法的特点

运用头脑风暴法时，通常针对要解决的问题，相关专家或人员聚在一起，在宽松的氛围中，敞开思路，畅所欲言，寻求多种决策思路，倡导创新思维。头脑风暴没有令人拘束的规则，人们能够更自由地思考，进入思想的新区域，从而产生很多新观点和新问题的解决方法。当参加者有了新观点和想法时，他们就大声说出来，然后在他人提出的观点之上再产生新观点。所有的观点被记录下来，但不进行批评，只有在头脑风暴会议结束后，才对这些观点和想法进行评估。

（三）头脑风暴法的激发机理

头脑风暴法何以能激发创造思维？根据奥斯本及其他研究者的看法，主要有以下几点。

（1）联想反应。联想是产生新观念的基本过程。在集体讨论问题的过程中，每提出一个新观念，都能引发他人的联想，相继提出一串的新观念，产生连锁反应，形成新观念堆，为创造性地解决问题提供了更多的可能性。

（2）热情感染。在不受任何限制的情况下，集体讨论问题能激发人的热情。人人自由发言、互相影响、互相感染，能形成热潮，突破固有观念的束缚，最大限度地发挥创造性的思维能力。

（3）竞争意识。在有竞争意识的情况下，人人争先恐后，竞相发言，不断地开动思维机器，力求有独到见解、新奇观念。心理学的原理告诉我们，人类有争强好胜心理，在有竞争意识的情况下，人的心理活动效率可增加50%或更多。

（4）个人欲望。在集体讨论解决问题过程中，个人的欲望自由，不受任何干预和控制是非常重要的。头脑风暴法有一条原则：不得批评他人的发言，甚至不许有任何怀疑的表情、动作、神色。这就能使每个人畅所欲言，提出大量的新观念。

（四）头脑风暴法的要求

（1）各自发表自己的见解，对他人的建议不做评论。

（2）建议不必深思熟虑，越多越好。

（3）鼓励独立思考，提出奇思妙想。

（4）可以补充完善已有的建议。

（5）循环进行。

（6）没有建议时说"过"。

（7）不要相互指责，同时也禁止过分赞扬。

（8）要有耐心。

（9）可以适当地表现幽默。

（10）鼓励创造性。

（11）结合并改进其他人的建议。

（五）头脑风暴法的实施程序

成立小组 → 确定议题 → 提出设想 / 记录设想 → 总结评价

图 2-2　头脑风暴法的实施程序

1. 成立头脑风暴小组

参加人数一般为5—10人（课堂教学也可以班为单位），一般来说包括主持人和记录员在内。最好由不同专业或不同职业背景者组成，这样会使提问和观点千差万别，实现头脑风暴法的目标。小组中不宜有过多的专家，专家过多难免会产生各种不同的评价，不易形成自由的氛围。

2. 确定议题

议题应尽可能具体，最好是实际工作中遇到的亟待解决的问题，目的是为了进行有效的联想。因为头脑风暴法是用来产生各种各样的观念和设想的，所以所确定的议题可以是问题本身，也可以是方法、解答与标准等。常见议题如下。

（1）列举陈述同一问题（目标）的方法。

（2）列举与同一个问题（目标）有关的问题。

（3）列举可能产生的各种问题。

（4）列举解决某一问题的方法。

（5）列举应用某一原理、原则的方法。

（6）列举评价某一物品的标准。

（7）列举某一机构各种组成和功能、要求。

3. 提出设想

（1）各抒己见。让与会人员发表观念和设想。发言力求简明扼要，不要进行任何解释。一句话的设想也可以，最好的设想往往是在会议快要结束时提出的。禁止批评和评论，也不要自谦。对别人提出的任何想法都不能批判、不得阻拦，即使自己认为是幼稚的、错误的，甚至是荒诞离奇的设想，也不得予以驳斥；同时也不允许自我批判，要在心理上调动每一位与会者的积极性，杜绝出现"扼杀性语句"和"自我扼杀语句"。

（2）激发思考。对任何发言都不能进行否定，也不能提出任何批评别人的意见。只允许对他人的设想进行补充、完善和发挥，目标集中，追求设想数量，越多越好。会议以谋取设想的数量为目标，每位与会者都要从他人的设想中激励自己，从中得到启示，或补充他人的设想，抑或将他人的若干设想综合起来提出新的设想等。会议提倡任意想象、尽量发挥，主意越新、越怪越好，因为它能启发人们产生更好的观念。出现暂时思维停滞时，可采取一些措施，如休息几分钟，自选休息方法，如唱歌、喝水等，或发给每人一张与问题无关的图画，要求讲出从图画中所获得的灵感。

4. 记录设想

记录设想是为了综合和改善所需要的素材。与会人员，不论是该方面的专家、员工，还是其他领域的学者，甚至是该领域的外行，在"头脑风暴法会议"上都应一律平等；各种设想，不论优劣，甚至是最荒诞的设想，记录人员也要认真地将其完整地记录下来。

改一改

一般的水壶在倒水时，由于壶身倾斜，壶盖易掉，而使蒸汽冒出烫伤手。成都市的中学生田同学想了一个办法克服水壶的这个缺点。他将一块铝片铆在水壶柄后端，但又不太紧，使铝片另一端可前后摆动。灌水时，壶身前倾，壶柄后端的铝片也随着向前摆，而顶住了壶盖，使它不能掀开。水灌完后，水壶平放，铝片随着后摆，壶盖又能方便地打开了。

联一联

澳大利亚曾发生过这样一件事，在收获季节里，有人发现一片甘蔗田里的甘蔗产量提高了50%。这是由于甘蔗栽种前一个月，有一些水泥洒落在这块田地里。科学家们分析后认为，是水泥中的硅酸钙改良了土壤的酸性，而促使甘蔗增产。这种将结果与原因联系起来的分析方法经常能使我们发现一些新的现象与原理，从而引出发明。由于硅酸钙可以改良土壤的酸性，于是人们研制出了改良酸性土壤的"水泥肥料"。

学一学

江苏省的臧同学做了一个十分有趣的实验：让猫、狗害怕小鸡。这里十分巧妙地运用了"学一学"的方法。事情的经过是这样的，村子里许多人都养了猫和狗，这些猫和狗总是想偷吃小鸡。臧同学的妈妈也买来了小鸡，但放在哪里都不放心。臧同学想要是能让猫、狗自动不来就好了。一天，他上学时，看到一群飞舞的蜜蜂。他想，人比蜜蜂大多了，可是人怕蜜蜂，因为怕被蜜蜂蜇。那么能不能用类似的办法，让猫、狗怕小鸡呢？对此，他做了别出心裁的试验，右手抓起一只小鸡，让鸡头从手的虎口处伸出来，拇指与食指捏着一枚缝衣针，针尖在鸡的嘴尖处稍露出一点。然后，他抓来猫、狗，用藏在鸡嘴下的针尖去扎猫或狗的鼻子、嘴，每天扎十几次，连扎三四天后，他发现猫、狗见到小鸡就怕，他成功了。

代一代

山西省阳泉市的张同学用"代一代"的方法发明了一款按扣开关。张同学发现家中有许多用电池做电源的电器没有开关，使用时很不方便。他想出一个用按扣代替开关的办法。他找来旧衣服和鞋上面无用的按扣，将按扣两边分别焊上两根电线头。按上按扣，电源就接通了；掰开按扣，电源又切断了。

搬一搬

上海市大同中学的刘同学在参加夏令营时，感到带饭盒不方便，他很想发明一种新式的便于携带的饭盒。他看到家中能伸缩的旅行茶杯，又想到了充气可变大、放气可缩小的塑料用品。他想按照这些物品制造的原理，设计一种旅行杯式的饭盒或是充气饭盒。可是，他又觉得这些设想还不够新颖，陷入了冥思苦想之中。一天，他偶然看到一个铁皮匣子，匣子是由十字状铁皮将四壁向上围成的。他想，我也可以将5块薄板封在双层塑料布中，用时将相邻两角用揿钮揿上，5块板就围成了一个斗状饭盒。这样，一个新颖的折叠式旅行饭盒创造出来了。

反一反

在数学几何题的教学中，教师通常让学生找到题中给出的已知条件，然后进行解题。这种解题方法虽然可以应用在多数的几何题型中，但是还会存在题中的已知条件无法推出题中的结论的情况。这时就可以尝试从结论出发，思考要想证出这个结论需要哪些条件，通过不断探索，找到正确的解题思路。从结论入手可以轻而易举地得出正确答案，从而提高做题速度和正确率。

定一定

在药水瓶上印上刻度，贴上标签，注明每天服用几次，什么时间服用，服几格；红灯停、绿灯行；学校规定上课时学生发言必须先举手，得到教师允许才能起立发言，等等；这些都是规定，有了这些规定我们的行为才能准确而有序。

（来源：北江工作室.创新"和田十二法"应用案例［EB/OL］.网易号，2019-04-28.https://www.163.com/dy/article/EDRGK3EF05368J9R.html，有改动）

思考：

1. 你比较喜欢哪个案例，为什么？
2. 尝试使用"和田十二法"来解决生活中的疑问。

六、5W2H分析法

5W2H分析法又叫七问分析法，是第二次世界大战中美国陆军兵器修理部首创。此法简单、方便，易于理解、使用，富有启发意义，广泛用于企业管理和技术活动，对于决策和执行性的活动措施也非常有帮助，也有助于弥补考虑问题的疏漏。

具体内容包括以下7项。

（1）为何（Why）？

（2）何事（What）？

（3）何人（Who）？

（4）何时（When）？

（5）何地（Where）？

（6）如何（How）？

（7）何价（How much）？

如果现行的做法或产品经过7个问题的审核已无懈可击，便可认为这一做法或产品可取。如果7个问题中有一个答复不能令人满意，则表示这方面有改进余地。如果哪方面的答复有独创的优点，则可以扩大产品这方面的效用。

互动游戏

摆数字

一、游戏目的

让学生明白创新性答案不一定很复杂，鼓励他们大胆地进行创新性构想。

二、游戏方法

请学生将4、6、8三个数字按规律放在以下数字的适当位置（左或右）。

1 7　　　　　2 3 5

三、游戏准备

图画纸一张、铅笔、橡皮。

四、注意事项

鼓励学生随意畅想，但又要提示学生寻找事物的规律性。

游戏答案：147 23568（只有直线的在左边；有弯角的在右边；数字按从小到大排列）

"一带一路"国家简介

乌兹别克斯坦

乌兹别克斯坦共和国，简称乌兹别克斯坦，是一个位于中亚的内陆国家，是世上两个双重内陆国之一。2012年6月，卡里莫夫总统访华期间，中乌双边关系提升为战略伙伴关系。

乌兹别克斯坦是世界第六大棉花生产国和第二大棉花出口国，世界第七大黄金生产国，同时也是区域内重要的天然气、煤、铜、石油、银和铀生产国。乌兹别克斯坦资源丰富，矿产资源储量总价值约为3.5万亿美元。现探明有近100种矿产品。其中，黄金探明储量3 350吨（世界第四），石油探明储量为1亿吨，凝析油探明储量为1.9亿吨，天然气探明储量为1.1万亿立方米，煤储量为18.3亿吨，铀储量为18.58万吨（世界第七，占世界铀储量的4%），铜、钨等矿藏也较为丰富。

据乌方统计，至2011年年底，中国对乌投资总额逾40亿美元，是乌第三大贸易伙伴、第一大投资国、第一大棉花买家、第一大电信设备和土壤改良设备供应国。

乌兹别克斯坦国家统计委员会近日发布的最新数据显示，2020年乌外贸额约363亿美元，就国别贸易而言，中国仍是乌兹别克斯坦 2020 年第一大贸易伙伴，中乌贸易额为 64.3 亿美元。

第三章
创业者的素养

第一节　创业者的概念

"创业者"这个词来源于"enter"（意思是"中间"）和"printer"（意思是"承担"），即买卖双方之间承担风险的人，或承担创建新企业风险的人。

创业者一词由法国经济学家坎迪龙（Cantillon）于 1755 年首次引入经济学。1800 年，法国经济学家萨伊（Say）首次给出了创业者的定义，他将创业者描述为将经济资源从生产率较低的区域转移到生产率较高区域的人，并认为创业者是经济活动过程中的代理人。奈特赋予了创业者不确定性决策者的角色，认为创业者要承担由于创业的不确定性所带来的风险。熊彼特（Schumpeter）则认为创业者应为创新者。后来创业者概念中又加了一条，即具有发现和引入新的、更好的、能赚钱的产品、服务和过程的能力。总之，创业者的内涵随着经济的发展而不断扩大。

因此综上所述，创业者就是自主创业，在追求个人富足和自身价值实现的同时创造社会财富与吸纳劳动力，切实为国家经济发展和社会进步作出积极贡献的群体。总之，无论哪一个层面的创业者，都需要创新、创造，都需要寻觅机会、规避风险、获得回报。

第二节　创业者的品质

创业者的品质

创业者应当具备的品质，可谓是"仁者见仁，智者见智"。比较权威的观点是中国内地富豪榜的开创者胡润，在北京大学光华管理学院举办的"中国财富品质论坛"上向全球首次发布的"中国财富品质榜"分析报告中提到的品质。报告根据中国内地的 100 位富豪们共同的品质，提出成功创业者的十项品质，其中，诚信位于首位；其他九项品质，分别是把握机遇、创新、务实、终身学习、勤奋、领导才能、执着、直觉和冒险。

尽管每位富豪获取财富的经历不同，对十项品质排行序列也有不同的看法，但对这十项品质的认可却是基本相同的。经济学家张维迎认为，创业品质是很难排序的，因为它们相互之间不可替代，而且就每一个人、每一个成功的企业家而言，有什么样的境遇就会有什么样的素质，企业需要什么样的素质，在企业发展的不同阶段也是不一样的。实际上，一个人缺少的创业品质才是最重要的。

一、诚信

诚信是创业者的立命之本，是创业者最看重的创业品质。做事情首先是做人，诚信是做人的第一品质，做人必须诚信，无诚信不能创造财富。

与人合作，守信是第一大原则。守信，会使人对你产生敬意，也因此使人愿意公平地与你合作。合作的前提就是讲诚信，讲诚信可以反作用于合作，使得合作更加顺利，守信的双方在合作后会更加相信对方，双方的信誉都会得到增强。反之，和一个不守信用的人合作，考虑到有失信的危险，人们通常会把合作的费用提高，这中间的出入就是诚信的价值。

二、把握机遇

机遇时刻都在身边，关键是看谁能首先发现机遇；更关键的是，看谁能够一把抓住机遇。中国的市场很大且处于起步阶段，机会很多，能否赢得财富关键在于能否把握机遇。

机遇的重复次数是有限的，有时对于全世界来说也许只有一次。他投资奶业，你也投资奶业；他投资速冻食品，你也投资速冻食品，最终这个机遇由于过多后来者的涌入而消失，机遇反成了"败遇"。

📋 案例分享

"一带一路"倡议下的跨境创业故事

随着"一带一路"倡议的推进，地处中国西北的新疆霍尔果斯这片曾经的"驼队经过之地"，吸引着众多创业者从四面八方涌来。来自东南沿海的季钢就是其中一员，因看好中哈合作中心的美好前景，季钢渐渐放下心中的顾虑，下定决心在中哈双方推进"一带一路"建设和"光明之路"融合发展的区域勇立潮头。

中哈合作中心是中哈两国共建的跨境自由贸易区，也是"一带一路"建设示范项目，总面积 5.28 平方公里，其中中方区域 3.43 平方公里，哈方区域 1.85 平方公里，两国公民及第三国公民，凭护照或出入境通行证等有效证件出入。

中哈合作中心也成为中亚商人的淘金逐梦之地，哈萨克斯坦商人瓦列丽娅·谢尔盖的红酒店里每天顾客络绎不绝，生意红火。她对记者说："现在生意很好，每天来这里的中国游客很多，他们很喜欢我们的红酒。今后我们还将扩大规模，增加酒的种类。"

2016 年，季钢投资建设的"金雕中央广场"（商贸大楼）开工，其是中哈合作中心哈方区域的首个项目，总投资 2.5 亿元（人民币，下同），该项目的定位是国际化品牌集群、贸易投资、商务旅游和文化交流等功能齐全的综合体。季钢说，在哈国建设"金雕中央广场"是他首次到境外创业。金雕是哈萨克斯坦的国鸟，它有大展宏图的象征。

目前，每天上万的人流量，川流不息的海内外客商和车辆，都让中哈合作中心显现着勃勃生机。据统计，2018 年 1—5 月，中哈合作中心共验放出入境旅客 195.38 万人次，同比增长 7%。季钢也从投资建设的"金雕中央广场"（商贸大楼）项目中获得了丰厚的回报。

（来源：朱景朝，李明，王继刚.通讯："一带一路"倡议下的跨境创业故事［EB/OL］.中国新闻网，2018-06-10.https://www.chinanews.com.cn/cj/2018/06-10/8534681.shtml，有改动）

思考：

"一带一路"是如何带动瓦列丽娅·谢尔盖的红酒生意的？从这个案例我们可以看到什么？

三、不断创新

彼得·德鲁克（Peter F.Drucker）曾指出："创业者首先需要具有创新精神。"

在激烈的市场竞争中，缺乏创新的企业很难站稳脚跟，改革和创新永远是企业活力与竞争力的源泉。21 世纪以来，我国创新驱动发展取得了辉煌成就。上天，首次载人航天交会对接圆满成功；下海，载人深潜突破 7 000 米；超级杂交水稻、三峡工程、高速铁路、"天河一号"超级计算机、特高压输电、超临界发电等都达到了世界先进水平。

📖 案例分享

南宁人在"一带一路"上耕耘的甜蜜事业

在老挝，有这样一群南宁人，他们常年扎在田埂上，传授南宁农业种植经验，提高老挝水稻、火龙果等农产品产量品质，种出了老挝乃至东南亚第一个哈密瓜，带领当地乡亲讲述"一带一路"上甜蜜的农业故事。

2013 年底，在广西率先研发南方无土栽培反季节哈密瓜技术取得成功的南宁人潘文瑚，应邀到试验站负责哈密瓜种植。潘文瑚和同事们采用大棚普通栽培模式及无土基质有机栽培两种不同的种植模式，在短短的 3 个多月时间里就将哈密瓜试种成功，种出了老挝乃至东南亚第一个哈密瓜。

2013 年至今，试验站试种了 160 多个农作物品种，从中筛选出适合老挝种植推广的农作物优良品种 48 个，其中果树 11 个，瓜菜 31 个，水稻 2 个，玉米 2 个，花生 1 个，牧草 1 个，示范推广农作物面积 2 833 公顷，培训农业技术人员超过 1 000 人次。

目前，试验站是老挝唯一的哈密瓜种植基地，并通过举办技术培训班的方式，将哈密瓜种植技术传授给老挝农业技术人员和种植户。

目前，试验站已成为老挝农业技术推广的重要平台。

老挝国家农林研究院派驻中国-老挝合作农作物优良品种试验站联络官欣坎表示，希望南宁人到老挝来，很多人懂技术，因为南宁和老挝天气差不多，特别是关于农业这个方面，如果南宁的人来这里发展，会对老挝人有很多的发展。

在老挝，像李梅、潘文瑜一样来自南宁的农业技术专家还有很多，他们在当地将水稻、玉米、哈密瓜、火龙果种植等实用先进的农业技术不断地推广开来。同时，试验站还接纳老挝高校230名毕业生到试验站实习并提供培训指导，推荐7名老挝农业技术员到南宁公费留学，技术员窝拉妹就是其中一员。

老挝国家农林研究院院长本通表示，合作非常成功，两地可以互相学习，互相发展，接下来会研究对老挝有用的一些农业方面的技术，两地的合作正是响应"一带一路"的倡议，中老铁路的开通，更加强了两地的合作。

（来源：【丝路交响 创业故事】南宁人在"一带一路"上耕耘的甜蜜事业[EB/OL].广西电视台，2018-09-09.https://news.gxtv.cn/News-2071476-1.html，有改动）

思考：

你认为中老铁路开通之后，"一带一路"政策还会为老挝带来什么好处？

四、务实

创业是一种需要全身心投入的事业，拥有积极的心态和务实的精神才能创业成功。

成功的创业者，无一不是最务实的。任何一个远大的理想和目标都要脚踏实地、一步一个脚印去实现，否则就会成为空中楼阁。

📖 案例分享

兰洽会助力更多企业拓展"一带一路"商机

葡萄酒、奶酪、口味多样的果汁……日前举行的第28届中国兰州投资贸易洽谈会（以下简称兰洽会）上，塞浦路斯驻华大使馆首席经济商务参赞欧阳路（Petrou Petros）热情推介本国特色产品。

"这是塞浦路斯第一次参加兰洽会。我们希望能借此机会让更多中国西部企业了解塞浦路斯，达成长远合作。"欧阳路说。

近年来，"一带一路"建设红利不断释放，中国西部市场的巨大潜力和商机吸引着越来越多的国内外企业。2022年7月7—11日，兰洽会在甘肃省兰州市举行。已经连续举办28届的兰洽会成为众多企业开拓中国西部市场的平台。

据悉，本届兰洽会共签约898个合同项目、总金额达5 311.13亿元，签约项目数量、金额比上届分别增长28.84%、35.86%。

甘肃省商务厅厅长张应华表示，第28届兰洽会人气商气浓厚，展会洽谈丰硕，国际化、专业化、特色化水平提升。"参会的国内外宾客充分感受到甘肃的热情好客和亲商爱商的良好发展环境，纷纷表达了深化合作、投资兴业、互利共赢的强烈意愿。"他说。

本届兰洽会共吸引了来自澳大利亚、西班牙、巴基斯坦、泰国等31个驻华使领馆、商协会组织参会，参会宾客总计 3 万余人。

马来西亚驻华大使馆公使施志光（See Chee Kong）表示，马来西亚是"一带一路"建设下拓宽中国西部市场的直接受益者。甘肃省不仅开通了兰州—吉隆坡定点直飞航线，而且在 2022 年 4 月正式开通甘肃省首列中老铁路国际货运班列，为深化两地经贸往来再添新通道。

"便利的交通设施不仅为双边贸易锦上添花，也让马来西亚成为海上丝绸之路的重要枢纽。"施志光说，作为本届兰洽会的主宾国之一，马来西亚以此为平台，和甘肃多家企业现场签约 4 项重点合作项目，总金额达 1.72 亿美元。

近年来，以新能源、新材料、新通道为代表的绿色产业成为中国和"一带一路"沿线国家经贸合作新的增长极。本届兰洽会期间，兰州广通新能源汽车有限公司与德国卡梅拜尔汽车有限公司签订了纯电动公交车采购及投资合同。德国博特罗普市（Bottrop）市长贝恩德·蒂施勒（Bernd Tischler）在视频致辞中表示，中国企业在制造电动巴士和技术研发领域拥有成功经验和领先技术。"德国乃至欧洲对电动公交车需求量大，希望签约带来的经济联系能进一步扩展"。

据介绍，本届兰洽会签约项目涉及新能源、新材料、装备制造、化工、数据信息等多个产业。其中，新能源、新材料产业项目占总签约额的 38.3%。

不少与会商、协会组织和企业代表表示，兰洽会的顺利召开不仅让他们看到了中国西部市场的蓬勃商机，也提振了双边经贸合作的前景和信心。目前，甘肃已在"一带一路"沿线国家和地区设立 14 个商务代表处、80 多个国际营销网点，与 180 多个国家和地区建立经贸往来关系。

外贸投资与合作在疫情下仍能不断增长，得益于"一带一路"倡议的加速推进。海关总署数据显示，2022 年前 4 个月，中国对"一带一路"沿线国家合计进出口 3.97 万亿元，增长 15.4%。

（来源：文静，王铭禹，赵伟宏，等.兰洽会助力更多企业拓展"一带一路"商机[EB/OL].新华社，2022-07-12.http://www.news.cn/expo/20220714/1818aee584a7436baab37892cbd24d81/c.html）

思考：
你认为兰洽会对我国西部地区乃至整个"一带一路"沿线城市的发展起到一个怎样的促进作用？

五、终身学习

人类已步入知识经济新时代，终生学习必将成为一种重要的生存方式和生活方式，同时也必将成为人们追求幸福的主要动力。

当今时代，就业结构已发生显著变化，人们的职业和岗位变动愈加频繁，一次性学校"充电"、一辈子工作中"放电"的时代已成为历史。终身学习的价值就在于培养一种学习习惯，使得人生各阶段都能获得相应的学习机会，只有不断提升自身能力和素质，才能应对知识经济和信息时代的挑战。

📄 **案例分享**

不懈学习的创业者

"不学习，就死亡"，这就是新希望集团总裁刘永好的一个观点。刘永好把学习视为日常必修课，他随身都携带一支笔和一个本子，把学习到的东西都记在上面，并且每年花1/3的时间用在与国际国内优秀人士的交流上。

世界最大的微波炉生产企业——格兰仕的创始人梁庆德42岁才开始创业，且只有小学文化。但30多年来，梁庆德坚持学习、不断超越自我，员工们亲切地称梁庆德是"交通大学"毕业生，因为梁庆德无论在飞机、火车还是汽车上都始终坚持学习，可谓手不释卷，正是这种坚持不懈的学习精神，带动了整个企业的学习热情，使得格兰仕一步步走向强大。

（来源：梅落西子.企业家学习成就事迹伟业（节选）[EB/OL].中国人力资源开发网，2011-03-09. http://www.chinahrd.net/blog/183/843548/182546.html）

思考：

请结合自身阐述你对终身学习的理解。

六、勤奋

勤奋几乎是所有成功企业家的普遍特征，企业家在巨大热情或美好远景的鼓舞下，身先士卒、勤奋不辍。勤奋恰如为事业引擎源源不断地加满油，无论雨雪风霜，都将赋予创业者不断前进的无穷能量。

七、领导才能

无数中外企业创业成长的实践证明，"先有卓越领导，后有卓越企业"的内在规律性。

成功的创业者应当具备决策能力、理财能力、预见能力、经营能力、创新能力、交际能力和聚合能力等领导才能，才会拥有一批坚定的追随者和拥护者，使组织群体取得良好绩效。领导才能已日渐成为衡量创业成功的重要标识，正直、公正、信念、恒心、毅力、进取精神等优秀的人格品质无疑会大幅度提升领导者的影响力和个人魅力，从而扩大其追随者队伍；领导者的个人价值观会吸引具有同类价值取向的人凝聚于组织，增加成员对组织的认同感和归属感；具备优秀价值观和人格的领导者能使组织成员对其产生敬佩、认同和服从等心态，无疑将提升其影响力、凝聚力；良好的沟通和聚合能力则是领导能力的桥梁和翅膀，沟通使领导者能够更加准确地了解信息、防止盲目，沟通和聚合还使领导行为产生良好的合作氛围，建立顺畅的合作渠道，在准确传达组织的目标、决策、要求的同时，也广泛传播了领导者的影响力。

八、执着

执着是创业者精神的源泉，正所谓"锲而不舍，金石可镂；锲而舍之，朽木不折"。执着意味着锲而不舍、意志坚强、勇往直前、努力不懈地向目标前进。执着的创业者个性坚定，做事都非常有毅力，坚韧不拔，有无比的耐性和持久性。

创业的道路充满坎坷，无论是面对成功还是失败，创业者都必须有执着和坚韧不拔的品格。每一家成功的企业，都是在创业者的领导下，经历了一次次的失败后走向成功的。

九、直觉

直觉是运用已有的经验和知识，对问题从总体上直接加以认识和把握，以一种高度简练、浓缩的方式洞察问题的实质，并迅速解决问题或对问题做出某种猜测的思维形式。直觉在寻求商机和科学发现等创新行为中具有极为重要的作用。直觉是一种内在本能，但本能不是天生的，而是来自经验的积累。

📖 案例分享

"一带一路"上的创业先行者——访老挝华人企业家姚宾

在老挝政商各界，吉达蓬集团董事长姚宾几乎无人不晓，他旗下的数处物业是万象市商业地标。然而就在20多年前，他还只是一个来自广东潮州的小贸易商，来老挝经营瓷砖、自行车等生意。机敏的姚宾率先在老挝这个"一带一路"沿线国家发现商机，然后持续精耕细作，成了创业先行者。

嗅觉灵敏的"拓荒者"

"那时候来这里做生意的中国人很少，数都数得过来。机会也很多，做贸易常常可以拿到百分之一百的利润，"姚宾在他旗下的东昌酒店接受记者采访时说。从这座万象已建成的最高商业建筑望出去，湄公河日落美景尽收眼底。

这位潮汕人在22岁那年加入了当时家乡兴起的出国淘金潮。第一站去的是泰国，在那里学习语言并给亲戚经营的产业帮忙。一次跟随亲戚到老挝观光礼佛的行程彻底改变了姚宾的命运，他发现刚刚打开国门的老挝几乎什么商品都缺。

一部在中国非常普通的自行车在老挝能卖到200多美元（按当时比价约合1 000元人民币），一平方米瓷砖能卖到将近14美元，而且供不应求。姚宾像是发现了金矿，他选定了从广州经曼谷到万象的货运路线之后，就开始踏踏实实做贸易。

尽管当时竞争压力小，挣钱相对容易，但独自在外打拼的辛苦只有他自己能体会。"那时候我每天早上5点半起床，一直忙到晚上9、10点。这样的工作节奏跟老挝当地人比，相当于一天当成几天用。"姚宾告诉记者。

他介绍说，1990 年的万象就像中国的一个村镇，连县城都比不上，现在市中心最宽的澜沧大街，在当时路上全是坑洼，一到晚上七八点，整个城市就全黑了。就在这样的环境下，他天天骑着摩托车全城跑推销，早出晚归，日复一日。

做了多年贸易之后，姚宾攒下了不菲的身家。20 世纪 90 年代中期，他开始涉猎建筑工程领域，利用自己的语言优势帮助老挝政府与中资公司在建筑工程领域开展合作，与各个方面都建立了良好关系，逐渐承包了一些工程。

如今，姚宾旗下公司涉足的产业包括房地产开发、政府采购贸易、木材加工、酒店旅游、投资顾问以及农业开发等多个领域。在老挝商界，他已经建立起自己的地位，并在当地政府的采购及对外合作中发挥着重要的联络作用。

从"一带一路"看到大机会

聊起自己创业和发展的历程，姚宾坦承他的成功得益于能先于别人发现机遇。初来老挝之时，他从这个落后的国家看到商机。金融危机来临之际，他嗅到了低价买入资产的契机。中国提出"一带一路"倡议之后，他感到大量资本的投入和建设项目的启动将会孕育巨大商机。

1997 年，亚洲金融危机爆发，姚宾在老挝做贸易赚大钱的好日子戛然而止。由于泰国和老挝货币兑美金剧烈贬值，原来用美元购入货物然后进口到老挝赚取老挝币的贸易形式让他无钱可赚。

"失之东隅，收之桑榆。"在工程建设领域，他发现很多同样付出美元而与老挝政府结算老挝币的当地工程公司大批倒闭，抵押给银行的土地和房产等大批资产都在低价抛售，而他此时恰好持有大量美元现金，"一座大别墅才 4 万美元就买下来了，之前连地价都不够，我一下子买进了 20 多栋"。

这次抄底让姚宾获利丰厚，收购的资产升值最多的甚至达到二十多倍。同样的情况在几年前的国际金融危机时候又上演了一次，只不过这次姚宾是反向操作，在 2007 年前大肆收购土地和房产，到危机爆发时，他卖掉了其中一大部分，再次获利丰厚。

在姚宾看来，中国提出的"一带一路"倡议是一个真正的大机遇。他告诉记者，在大量中资公司走出来的过程中，他为中老政商界、企业间合作穿针引线，收获了丰富的合作机会和商业利益。

"一带一路"倡议将会在基础设施建设、投融资领域制造大量机会。这位创业先行者总结说，他本人创业之初机遇在贸易，而后房地产开发取代贸易成为风口。眼下，他认为最大的机遇在投融资领域。

姚宾鼓励有眼光和志向的人把握"一带一路"带来的机遇。对于看准新机遇打算出来创业的后辈，姚宾提醒说，诚信、踏实、勤奋是中国人的优点，要想有一番建树，这些优点一定不能丢。

（来源：顾雯丽. "一带一路"上的创业先行者——访老挝华人企业家姚宾 [EB/OL]. 新华社，2016-09-05.https://www.imsilkroad.com/news/p/29909.html ）

思考：

来自全国各地的创业者在"一带一路"倡议的号召之下纷纷前往沿途各国做经济建设，你认为这一现象背后可以为我国和沿途国家带来什么样的长远利益？

十、冒险

冒险精神是创业最重要的内在驱动力。创业具有很大的风险性，一方面需要很强的心理承受能力，承受生活孤寂、工作繁重、资金受困、竞争惨烈等多种压力；另一方面可能遭遇破产、倒闭、法律纠纷、经济纠纷多种风险。风险的来源有多种，但面对风险有一个共同点，那就是需要创业者具备冒险精神，这种精神必须是持之以恒的、坚定的、不可动摇的。当一个机会突然出现时，风险肯定也随之而来，只有敢于冒险才能果断地抓住机会，这种特质在关键的转折时刻至关重要。

📖 案例分享

刘德海：在"一带一路"上我与柬埔寨朋友结下深厚友谊

柬埔寨的西哈努克市三面环海，海岸线长达 460 公里，海边沙滩呈乳白色，海水清澈碧蓝，水下游鱼清晰可见。距海边 5 公里处有一个小岛，名为桃花岛。平时，来自唐山的创业者"海哥"喜欢驾驶着摩托艇，来往于桃花岛与西港之间。

"海哥"全名叫刘德海，因为人仗义，被朋友亲切地称为"海哥"。他来西港已经一年多了，原来在国内是搞钢结构的，由于一些在柬埔寨经营企业的唐山老乡在他那里定购钢材，2018 年 3 月，他带着技术员去西港服务客户。这一去，就留在了那里。

在西港创业很艰苦

"这里市场不错。中国的'一带一路'倡议与柬埔寨的'四角战略'高效对接，共同建设西港，政策利好明显。目前，国内基建项目不多，这里才刚刚开发，钢材需求量大，同业竞争者少。而且柬埔寨工资水平比国内低很多，运营成本小"。综合这几点，海哥认为他的选择方向不会错，就在西港开了一家建筑安装公司。

工厂是开过去了，可是工人不去。大家七嘴八舌地议论着，"柬埔寨是不是在打仗？""会不会很乱？""抛家舍业，背井离乡的，能挣多少钱？"面对种种疑虑，海哥耐心地分享自己的所见所闻，客观地分析出国工作的利弊得失。慢慢地，胆子大点儿的就去了；再后来，水电工、焊工、技术员陆续过去了。有了人，公司开始重新起步，全面运营。因为市场需求量大，公司发展得很快，前途乐观。

刚到西港时很艰难。西港以美元结算，消费很高，租房和吃饭都比较贵。公司有 30多名员工，吃的、用的费用很大。海哥回忆道："当时我带了 10 万元人民币过去，相当于 1 万多美金。住一晚普通的酒店大概 60 美元；西红柿炒鸡蛋一盘 15 美元，空心菜每斤 8

美元，去市场买两样水果，就花去 50 美元。我带去的钱很快就花完了。"为了省钱，海哥从国内请来厨师，给员工们做饭。没有汽车，就用摩托车当交通工具。西港的道路凹凸不平，泥泞不堪，很多地方还是荒地，夜里没有灯，路上暴土狼烟。

"在家条件多好，吃穿不愁，公司经营得也算稳定，怎么莫名其妙到这儿来受罪？"海哥说，他不知动摇过多少次。但转念又想，人生需要不断升级，挑战更高的山峰。为了实现自我价值，为了梦想，还得接着拼，"再创业嘛！就像考大学一样，当年也就得了 60 分。这次来到柬埔寨，仿佛时空倒流回 20 世纪 80 年代，之前没经验，没答好卷，看这次能不能得 80 分。"

后来，海哥买了汽车，租了两套别墅，公司自己做饭。有房有车，有吃有住了，他和员工们才慢慢适应过来。建筑安装公司稳定后，海哥从私人手里承包了桃花岛，在桃花岛上开了一家游艇俱乐部，成为桃花岛"岛主"。

（来源：范圣英，邢芸.圆梦"一带一路"　三位唐山人在柬埔寨的创业故事[N].唐山晚报，2019-08-19.）

思考：

如果你是"海哥"，动摇的时候你会怎么选择？

第三节　创业者的素质

创业者的素质

创业者的素质是一个综合性很强的概念，其内涵深刻丰富而且具有广泛的外延。

如果说创业者的品质偏重于创业者的个性特征，那么创业者的素质则是泛指构成创业者的品德、知识、才能和身体等诸多要素在特定时间和环境内的综合状态，是创业者主体通过学习和自身的实践而形成与发展起来的，具有内在的、本质的及相对稳定的身心要素的整体系统。

我国《科学投资》杂志通过对上千案例的研究，发现成功的创业者具有多种共同的特性，便从中提炼出具有一定代表性的中国创业者十大素质。

一、欲望

为什么将欲望列在中国创业者素质的第一位？因为有欲望，想得到，而凭自己现在的身份、地位、财富得不到，因此要去创业，要靠创业改变身份、提高地位、积累财富、实现理想，这就构成了许多创业者的人生之路。创业者欲望与普通人欲望的不同之处在于，他们的欲望往往超出他们的现实，往往需要打破现在的立足点，打破眼前的樊笼，才能够实现。因此，创业的欲望往往伴随着强大的行为动力和冒险精神。

二、忍耐

忍耐是创业者必须具备的素质。"艰难困苦，玉汝于成""筚路蓝缕"，都说明了创业的不易。首先是要忍受肉体上和精神上的折磨，而精神上的折磨往往是常人难以忍受的。《孟子·告子下》中"生于忧患，死于安乐"一文说："故天将降大任于斯人也，必先苦其心志，劳其筋骨，饿其体肤，空乏其身，行拂乱其所为。所以动心忍性，曾益其所不能。"可见，肉体上和精神上的折磨是创业者成功路上的必修课，可以"曾益其所不能"。

三、眼界

对于创业者来说，必须见多识广，广博的见识、开阔的眼界，可以很有效地拉近自己与成功的距离，使创业活动少走弯路。眼界决定了创业者的创业思路，一般而言，创业者的创业思路有几个共同来源：第一是职业；第二是阅读；第三是行路；第四是交友。

（一）职业

由原来所从事的职业下海，对行业的运作规律、技术、管理都非常熟悉，人员、市场、渠道也熟悉，这样的创业成功的概率很大。

（二）阅读

阅读使人思维敏捷，眼界开阔。对创业者来说，阅读就是工作。1993年的一天，王传福在一份国际电池行业动态上读到，日本宣布本土将不再生产镍镉电池，王传福立刻意识这一变化将引发镍镉电池生产基地的国际大转移，他意识到自己创业的机会来了。果然，随后的几年，王传福利用日本企业撤出留下的市场空隙，加之自己原先在电池行业多年的技术和人脉基础，做得顺风顺水，财富像涨水似的往上冒。

（三）行路

俗话说："读万卷书，行千里路。"行路，各处走走看看，是开阔眼界、了解市场跟踪变化的好方法。开阔的眼界意味着你不但在创业伊始有一个比别人更好的起步，有时候它甚至可以挽救你和你企业的命运。创意的来源，往往就源于开阔的眼界。眼界开阔才能看见更多的机会。一个人的心胸有多广，他的世界就会有多大，也可以说，一个创业者的眼界有多宽，他的事业也就会有多大。

（四）交友

广交朋友，更是创业者必须高度关注并努力做好的事。创业成功需要广泛的人际关系网络，交友是在为自己积累创业的人脉资源。

四、明势

明势的意思分两层，作为一个创业者，一要明势，二要明事。明势，创业者一定要跟对形势，要研究政策，这是大势。对一个创业者来说，在政策方面，国家鼓励发展什么、限制发展什么，对创业之成败更有莫大关系。做对了方向，顺着国家鼓励的层面努力，可能事半功倍。

📄 案例分享

"一带一路"创业故事：乍得小伙带中国团队到非洲盖安居房，每7天完成一套

来自乍得的张晓强先后在哈工大建筑专业和北京科技大学就读，他在会上分享了自己在中国的学习和回国后的创业经历。

"我在2011年准备来中国留学时，身边很多同学都觉得我选择来中国，比他们去发达国家留学要差一些，甚至有人认为我毕业之后回乍得找工作都是一个难题。但是，随着'一带一路'的发展，很多中国优秀的企业带着先进的技术到了非洲，走进了我的国家。2016年我毕业回去以后，发现就业不再是一个问题了，反而选择更多了。"在中国待了多年，张晓强的汉语已经十分流利。

张晓强曾进入世界200强的中国企业工作两年。"在此期间，我学到了中国优秀企业的工作效率、管理方式等，提升了我个人的综合能力。2019年初，我带着中国团队到非洲以7天完成一套房子的速度，让当地人迅速拥有了温馨的安居房。"张晓强说。

（来源：李玉坤."一带一路"给当地带来哪些创业机会？听听非洲小哥怎么说[N].新京报，2020-09-08.）

思考：

你的梦想是什么？你对它有规划吗？

中势指的是市场趋势。市场上现在时兴什么，流行什么，人们现在喜欢什么，不喜欢什么，可能就标明了你创业的方向。

小势就是个人的能力、性格、特长。创业者在选择创业项目时，一定要找那些适合自己能力、契合自己兴趣、可以发挥自己特长的项目，这样才有利于做持久性的全身心投入，这叫作创业者个人特质和创业机会的匹配。

明势的另一层含义，就是明事，一个创业者要懂得人情事理。俗话说："世事洞明皆学问，人情练达即文章。"因此，创业者一定要明事，不但要明政事、商事，还要明世事、人事，这是一个创业者应该修炼的基本素质。

五、敏锐

创业者的敏锐，是指对外界环境变化的敏锐，尤其是对商业机会的快速反应。一些人的商业敏锐来自耳朵，一些人的商业敏锐来自眼睛，还有一些人的商业敏锐来自自己的两条腿。有些人的商业敏锐是天生的，更多人的商业敏锐则依靠后天培养。良好的商业敏锐，是创业者成功的最好保证。

六、人脉

创业不是引"无源之水"，栽"无本之木"。创业需要资源，而其中最重要的是人脉资源，即创业者构建的人际关系网络或社会网络。创业者的人脉资源，第一是同学资源；第二是职业资源；第三是朋友资源。

七、谋略

商场如战场，在产品同质化严重、市场有限、竞争激烈的情况下，创业者的智谋，将在很大程度上决定其创业的成败。谋略，说白了就是一种思维的方式，一种处理问题和解决问题的方法。对于创业者来说，智慧是不分等级的，它没有好不好、高明不高明的区别，只有好用不好用，适用不适用的问题。

八、胆量

创业需要胆量，这种胆量不仅是敢作敢当，更是勇于做好承担创业风险的准备。胆量意味着冒险但不是冒进，无知的冒进是鲁莽和愚蠢。

九、分享

作为创业者，一定要懂得与他人分享。一个不懂得分享的创业者，不可能将事业做大，甚至创业尚未成功就"财聚人散"。分享不是慷慨，对创业者来说，分享是明智。

十、自省

自省是一种学习能力。既然创业是一个不断摸索的过程，创业者就难免在此过程中犯错误。自省，是认识错误、改正错误的前提，对创业者来说，自省的过程，就是学习的过程、进步的过程。成功的创业者有一个共同之处——勇于进行自我反省。作为创业者，遭遇挫折、碰上低潮都是常有的事，在这个时候，反省能力和自我反省精神能够很好地帮助他渡过难关。曾子说："吾日三省吾身。"对创业者来说，不仅要一日三省吾身、四省吾身，而且应该时时刻刻警醒、反省自己，唯有如此，才能时刻保持清醒。

第四节　创业者的能力

创业者的能力

面对创业机会，能否有效地把握，就必然涉及创业能力。所谓创业能力是指影响创业实践活动效率，促使创业实践活动顺利进行的主体心理条件。拥有创业能力可以促进创业者的创业资源得以充分利用，创业者的创业能力水平会影响新创企业的绩效水平，是直接影响创业实践活动效率的主要操作系统。因此是创业基本素质的重要组成部分之一。

全球创业观察报告（Global Entrepreneurship Monitor，GEM）将创业能力归纳为创办企业的经验、对机会的捕捉能力及整合资源的能力。研究表明，中国人的创业能力近5年来的变化很小，低于GEM的平均值，说明我国的创业能力属于低水平。

一、创办企业的经验

《全球创业观察2019—2020报告》提出，大多数人都认为创办新的公司是不容易的，而且人们缺乏创办新公司的经验，未能组织创办新公司所需的各种资源，也不知道如何管理这样一家新成立的小公司。从本报告来看，中国创业活动与创业生态主要有以下五个值得关注的方面。

第一，在中国，有74.9%的人认为自己身边有良好的创业机会，但有创业意向的人仅占21.4%。

第二，在中国，已经拥有创业企业的人占9.3%，有将近1/10的人已经开始了自己的创业之路。

第三，中国创业者不惧怕失败的比例从2016年的49.1%下降到2019年的44.7%，但是总体排名有所下降。

第四，中国有70%以上的创业者选择了服务业进行创业活动。

第五，中国的创业环境正在持续完善和提升，由GEM统计的十二项创业条件指标均高于全球平均分。

二、对机会的捕捉能力

从目前国内创业的总体情况看，我国目前仍然没有摆脱创业者无法把握机会的窘境，一方面有创业机会，也有创业动机和意愿，创业机会多，创业机动性强；另一方面，创业者的创业技能低下，很难把握住创业机会。

三、整合资源的能力

整合资源的能力是指创业者在创业过程中对资源的识别、获取、配置和利用的能力。

创业资源在未整合之前大多是零散的，要发挥其最大的效用，转化为竞争优势，为企业创造价值，就需要运用科学方法将不同来源、不同效用的资源进行配置与优化，使有价值的资源融合起来，发挥"1+1>2"的放大效应。研究表明，我国创业者在资源组织上的能力不足，未能有效组织创办公司所需的各种资源，成为影响我国创业企业关闭率居高不下的重要原因之一。

🔗 互动游戏

模拟公司

一、游戏目的

通过游戏发掘学生最擅长的能力，如领导能力、沟通能力、应变能力等。

二、游戏准备

准备硬卡纸（制作立牌、铭牌和虚拟货币）若干、双面胶一卷、A4纸若干，将班级桌椅划分出三个区域。

三、游戏程序

（1）全班同学自愿分为三组公司（包括两家供应商、一家采购商），并为公司起一个名字，用硬卡纸制作成立牌放在总经理座位上。

（2）依据教师给出的职务分类，各组同学推选出总经理和各部门的成员，并用硬卡纸制作铭牌贴在胸前。

（3）教师发放基础资金100元，并教两家供应商的学生用A4纸制作圆筒，规定圆筒的长度、直径及基本定价，以此作为流通商品。两家供应商制作商品限时5分钟。

（4）教师做质检员，模拟商品质检流程，将圆筒摔到地上，看哪家供应商的商品损坏率低。然后由采购商做购买决定。

（5）供应商做商品改进。

（6）重复质检流程和购买流程，期间供应商可根据质检结果和采购商进行谈判。

（7）重复3轮，最后统计各公司总共有多少资金。

四、注意事项

（1）各组同学依照自己的性格或爱好来选择职位，要突出自己的优势。

（2）游戏过程中要各司其职，制作只能由制作部门完成，谈判只能由谈判部门完成，但是可以相互提取建议。

（3）谈判过程除了谈判人员其他同学不要提场外意见，尽可能模拟的真实一些。

五、游戏总结

（1）教师对各组的表现进行点评，选出表现最好的小组进行奖励。

（2）学生讨论企业需要什么样的人才和什么样的能力。

📖 "一带一路"国家简介

新加坡

新加坡共和国，简称新加坡，旧称新嘉坡、星洲或星岛，别称为狮城，是东南亚的一个岛国，国土面积728.6平方米。2015年11月7日，中国国家主席习近平对新加坡进行国事访问，双方发表联合声明，宣布建立"与时俱进的全方位合作伙伴关系"。

新加坡资源比较匮乏，主要工业原料、生活必需品需进口。新加坡约有23%的国土属于森林或自然保护区，而都市化缩小了雨林面积，森林主要分布于武吉知马自然保护区以及3个保护区，西部地段和离岸岛屿。

根据新加坡国际企业发展局近日公布最新统计数据显示，2013年中国超过马来西亚，成为新加坡最大贸易伙伴。华经产业研究院数据显示：2021年1—6月中国与新加坡双边货物进出口额，相比2020年同期增长了358 683.54万美元，同比增长9.4%。

第四章

创业机会与创业模式

第一节　创业机会概述

在成功的创业项目中，选择良好的具有发展潜力的项目是关键，一个良好的创业项目，能让创业者少走很多弯路，大大增加创业者成功的概率。

选择好的创业项目是一个对创业信息获取并且加工的过程，能很有效地减少投资的不确定因素，能很好地增加成功的筹码。选择创业项目需要把握住以下几个关键：第一是创业机会来源。创业者要科学地把握创业机会的产生，评估具体信息。第二是创业信息的搜集。创业者在选择创业项目时往往面对海量信息，一个好的创业项目需要寻求那些可信度高和可行性高的创业项目，这个过程就是信息收集的过程。第三是创业信息的分析。创业信息的真实反馈需要科学的分析，并做出决策。第四是创业信息的评估。这是创业者在创业前的决策行为，创业者需要综合自身实力、创业的热情和执行力、市场环境和政策因素等情况，做出可行性评估，并开展创业行为。

一、创业机会的定义

创业机会有以下两种常见定义。

（1）创业机会是可以为购买者或使用者创造或增加价值的产品或服务，它具有吸引力、持久性和适时性。

（2）创业机会是一种新的"目的—手段"关系，它能为经济活动引入新产品、新服务、新原材料、新市场或新组织方式。

目前广为学术界接受的定义是："创业机会是未明确的市场需求或未充分使用的资源或能力，它不同于有利可图的商业机会，其特点是发现甚至创造新的'目的—手段'关系来实现创业，对于产品、服务、原材料或组织方式有极大的革新和效率的提高。"

二、创业机会的类型

（一）按创业机会的来源分类

按创业机会的来源可以分为问题型机会、趋势型机会和组合型机会。

问题型机会，指的是由现实中存在的未被解决的问题所产生的一类机会；趋势型机会，就是在变化中看到未来的发展方向，预测到将来的潜力和机会；组合型机会，就是将现有的两项以上的技术、产品、服务等因素整合起来，以实现新的用途和价值而获得的创业机会。

（二）按"目的—手段"关系的明确程度分类

按"目的—手段"关系的明确程度可分为识别型机会、发现型机会和创造型机会。

识别型机会，是指市场中的"目的—手段"关系十分明显时，创业者可通过"目的—手段"关系的连接来辨识机会；发现型机会，是指当目的或手段中的任意一方的状况未知，等待创业者去进行机会发掘；创造型机会，指的是目的和手段皆不明朗，因此创业者要比他人更具先见之明，才能创造出有价值的市场机会。

三、创业机会的基本特征

（一）普遍性

凡是有市场、有经营的地方，客观上就存在着创业机会。创业机会普遍存在于各种经营活动过程之中。

创业机会的基本
特征

（二）偶然性

对一个企业来说，创业机会的发现和捕捉带有很大的不确定性，任何创业机会的产生都有"意外"因素。

（三）消逝性

创业机会存在于一定的时空范围之内，随着产生创业机会的客观条件的变化，创业机会就会相应地消逝和流失。

《21世纪创业》的作者，有"创业教育之父"之称的美国百森商学院的杰弗里·蒂蒙斯教授提出，好的创业机会有以下四个特征。

（1）它很能吸引顾客。

（2）它能在你的商业环境中行得通。

（3）它必须在机会之窗（指商业想法推广到市场所花的时间）存在的期间被实施，若竞争者已经有了同样的思想，并已把产品推向市场，那么机会之窗也就关闭了。

（4）创业者必须有资源（人、财、物、信息、时间）和技能才能创立业务。

四、创业机会的来源

变化是创业机会的重要来源，没有变化，就没有创业机会。创业机会的来源主要有以下三种。

（一）技术变革

技术变革是机会的重要来源，能使人们以新的更有效的方式做事。它主要来源于新的科技突破和社会的科技进步。技术上的任何变化或多种技术的组合都可能给创业者带来某种商业机会，表现为三种形式：①新技术替代旧技术；②实现新功能，创造新产品的新技术的出现；③新技术带来的新问题。

（二）政治与管制变革

政治与管制变革使人们能够开发出商业创意，从而用新的方法使用资源，这些方法或更有效率，或将财富重新分配。政治与管制变革带来的创业机会是指由于政府制定的法律、法规有所变动而带来的新的行业、新的市场、新的创业机会；抑或是由于政府的国家发展计划重点的转移，原来没有受到重视的区域市场重新受到人们的重视，创业者也跟随政府开发这一没有被完全开发的市场，从中获取新的创业机会。主要表现为：①法律法规开禁带来的创业机会；②因政府在地区政策上的差异而带来的创业机会；③新政策的实施所带来的创业机会。

（三）社会与人口的变化

社会与人口的变化是创业机会的重要来源，主要表现为以下两点：①社会和人口的变化改变了人们对产品和服务的需求；②社会和人口的变化使人们针对顾客需求所提出的解决方案比目前能够获得的方案更有效率。

第二节　识别创业机会

一、识别创业机会的关键因素

创业因机会而存在。作为创业者，难能可贵的地方就在于他们能发现其他人所看不到的机会，并迅速采取行动来把握创业机会和实现创业机会的价值。但是大多数机会都不是显而易见的，需要去发现和挖掘。在过去很长一段时间里，人们认为一般人群不可能看到创业机会，识别创业机会难以模仿，更无法学习。但是，随着研究的深入，人们逐渐总结出了一些识别创业机会的规律和技巧。

识别创业机会的
关键因素

（一）影响识别创业机会的因素

机会在发现前是未知的，通常人们都是通过对新信息价值的识别从而发现创业机会。对于是什么因素导致一些人更善于识别出有价值的创业机会，不少学者研究并取得共识的主要因素有以下四类。

1. 先前经验

在特定产业中的先前经验有助于创业者识别出商业机会，这被称为走廊原理。它是指创业者一旦创建企业，他就开始了一段旅程，在这段旅程中，通向创业机会的"走廊"将变得清晰可见。这个原理提供的见解是，某个人一旦投身于某产业创业，这个人将比那些从产业外观察的人，更容易看到产业内的新机会。

2. 认知因素

机会识别可能是一种先天技能或一种认知过程。有些人认为，创业者有"第六感"，使他们能看到别人错过的机会。多数创业者以这种观点看待自己，认为他们比别人更"警觉"。警觉在很大程度上是一种习惯性的技能，拥有某个领域更多知识的人，比其他人对该领域内的机会更警觉。

3. 社会关系网络

社会关系网络能带来承载创业机会的有价值的信息，个人社会关系网络的深度和广度影响着机会识别。建立大量社会与专家联系网络的人，比那些拥有少量网络的人更容易得到机会和创意。一项对 65 家初创企业的调查发现，半数创业者报告说，他们通过社会联系得到了商业创意。

4. 创造性

创造性是产生新奇或有用创意的过程。从某种程度上讲，机会识别实际上是一个创造过程，是不断反复的创造思维过程。对个人来说，创造过程可分为 5 个阶段，分别是准备、孵化、洞察、评价和阐述，如图 5-1 所示。

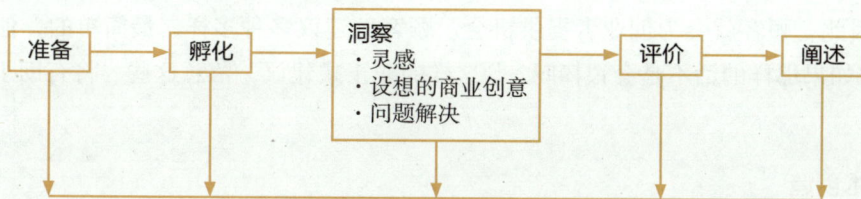

图 5-1　创造过程的 5 个阶段

（二）识别创业机会的规律

获取别人难以接触到的有价值的信息和具备优越的信息处理能力，是创业者发现创业机会的前提条件。要获取别人难以接触到的有价值的信息，要求创业者在社会网络中处于更佳的位置，拥有有助于获取信息的工作或生活圈子，具有创业警觉。创业警觉本质上是一种个体的禀赋，是对信息的敏锐把握和解读能力，它受到个体创造力、先前知识与经验、社会网络关系等因素的影响。

在获取别人难以接触或忽视的信息的基础上，创业者还必须具备相应的信息处理能力，能够看到信息背后的商业价值和含义，从而发现创业机会。优秀的信息处理能力依赖于良好的智力结构、乐观的心态和敏锐的洞察力。

（三）识别创业机会的常见方法

1. 新眼光调查

（1）开展初级调查。通过与顾客、供应商、销售商交谈和采访他们，直接与他们互动，了解正在发生什么和即将要发生什么。

（2）注重二级调查。阅读已出版的作品、利用互联网搜索数据、浏览寻找包含创业者所需要信息的报纸文章等都是二级调查的形式。

（3）记录创业者的想法。瑞士最大的音像书籍公司的创始人说他有一本记录想法的笔记本，当记录到第200个想法时，他坐下来，回顾所有的想法，然后开办了自己的公司。

2. 系统分析

实际上，绝大多数的机会都可以通过系统分析得到。人们可以从企业的宏观环境（政治、法律、技术、人口等）和微观环境（顾客、竞争对手、供应商等）的变化中发现机会。借助市场调研，从环境变化中发现机会，是机会发现的一般规律。

3. 问题分析和顾客建议

问题分析从一开始就要找出个人或组织的需求和他们面临的问题，这些需求和问题可能很明确，也可能很含蓄，一个有效并有回报的解决方法对创业者来说是识别机会的基础。这个分析需要全面了解顾客的需求，以及可能用来满足这些需求的手段。

从顾客那里征求想法。一个新的机会可能会由顾客识别出来，因为他们知道自己究竟需要什么。因此，顾客就会为创业者提供机会。顾客的建议多种多样，最简单的，他们会提出一些诸如"如果那样的话不是会很棒吗？"这样的非正式建议，留意这些，将有助于你发现创业机会。

4. 技术创造

通过创造获得机会方法在新技术行业中最为常见，它可能始于明确已满足的市场需求，从而积极探索相应的新技术和新知识；也可能始于一项新技术发明，进而积极探索新技术的商业价值。通过创造获得机会比其他任何方式的难度都大，风险也更高。同时，如果能够成功，其回报也更大。这种情况下所产生的创新在人类所具有重大影响的创新中，居于压倒性的主导地位。如索尼公司开发随身听（Walkman）就是一个很好的例子。索尼公司察觉到人们希望随身携带一个听音乐的设备，并利用公司微缩技术的核心能力从事项目研究，最终开发出划时代的产品——随身听，取得了巨大的成功。

📄 **案例分享**

让无现金社会也出现在泰国

"现金消失了！"聊起两年前在中国杭州短暂的生活经历时，泰国True Money支付平台资金主管、泰籍华人娜特发出这样的惊呼。

2016年10月，娜特到杭州参加蚂蚁金服组织的为期两周的"一带一路"移动支付研修班，课余时间，她在闲逛时发现：无论是大型商场还是街边小摊，到处都是二维码。令她吃惊的是，在中国，支付宝比VISA、Master等信用卡更受欢迎。

"泰国和中国有很多相似的地方，银行卡和信用卡的普及率远远低于欧美国家，手机的渗透率很高，移动支付的市场很大。"在体验了中国移动支付的便利后，回到泰国，娜特马上在公司召开研讨会，研究"如何让服务于普通人的无现金社会也能发生在泰国"。

娜特是幸运的。2016年11月，蚂蚁金服与泰国支付企业Ascend Money签订战略合作协议，通过技术和经验输出，将普惠金融模式复制到泰国，实现移动支付的本地化。而娜特所在的公司True Money正是Ascend Money最重要的金融服务持牌平台之一，主要提供借记卡和电子钱包服务。

经过两年的发展，伴随支付宝在泰国的大面积落地，以及泰国版"支付宝"Truemoney作为本地电子钱包开始服务泰国人，当地传统银行及新兴机构推出了不少电子钱包，移动支付越来越快地飞入寻常百姓家。"数字化泰国"，已成为泰国热门的社会话题。

这是蚂蚁金服在"一带一路"沿线国家"出海造船"模式的又一成功案例。

所谓"出海造船"，是指中国的移动支付模式顺着"一带一路"沿线发展中国家，通过技术出海，让它们搭上移动互联网时代的"中国快车"和"中国便车"，让小微企业和普通人都能享受到方便、平等的金融服务。

作为中国移动支付"名片"，支付宝的"出海造船"催生了9个国家和地区的本地版的"支付宝"（电子钱包），虽然名字各不相同，但是都接受了来自支付宝的技术赋能，当地人也能像中国用户一样体验到数字普惠时代的技术红利。

这9个国家和地区都在"一带一路"沿线上，包括：印度、泰国、菲律宾、印尼、韩国、马来西亚、巴基斯坦、孟加拉、中国香港。

在印度，Paytm的用户量从3年前的2 300万提升到了2.5亿，跻身全球第三大电子钱包；在韩国，越来越多企业主管爱用Kakao Pay给员工发红包；在印尼，DANA用户在手机上动动手指，也能缴社保了；在巴基斯坦，Easypaisa虽然还在功能机时代，但也能给没有银行账户的人用作电子"工资卡"。

"通过金融和科技的融合为国家发展作贡献是我的理想，移动支付为我提供了施展自己才华的广阔空间。"娜特表示，以蚂蚁金服为代表的中国互联网企业，向"一带一路"沿线国家提供了一种全新的"中国方案"。

（来源：贾平凡，李嘉宝.我因"一带一路"受益无穷[EB/OL].人民日报海外版，2018-08-31.http://www.wrsa.net/content_40484551_2.htm）

思考：
1. 移动支付是怎样影响我们生活的？
2. 支付宝如何利用"一带一路"政策在国外快速发展？

二、识别创业机会的一般过程和行为技巧

识别创业机会的过程主要包括创业机会信息的收集和创业机会的评估。

（一）创业机会信息的收集

1. 创业信息概述

创业信息的收集是指通过各种方式获取创业所需要的信息。信息收集是信息得以利用的第一步，也是关键的一步。信息收集工作的好坏，直接关系到整个创业活动工作的质量。

信息可以分为原始信息和加工信息两大类。原始信息是指在经济活动中直接产生或获取的数据、概念、知识、经验及其总结，是未经加工的信息。加工信息则是对原始信息经过加工、分析、改编和重组而形成的具有新形式、新内容的信息。两类信息都对创业活动发挥着不可替代的作用。

创业信息主要包括以下四类。

（1）政治政策状况。

（2）经济发展状况。

（3）人口统计、社会文化与风土人情。

（4）技术发展趋势。

2. 创业信息的收集渠道

联合国教科文组织（United Nations Educational, Scientific and Cultural Organization, UNESCO）在其出版的《文献术语》中将信息源定义为："组织或个人为满足其信息需要而获得信息的来源。"信息源一般分为实物型信息源、文献型信息源、电子型信息源和网络信息源。

（1）实物型信息源。实物型信息源，又称现场信息源，是指具体的观察对象在运动过程中直接产生的有关信息，包括事物运动现场、学术讨论会、展览会等。

（2）文献型信息源。文献型信息源主要是指承载着系统的知识信息的各种载体信息源，包括图书、报纸、杂志、专利文献、学位论文、公文等。

（3）电子型信息源。电子型信息源是指通过使用电子技术实现信息传播的信息源，主要包括广播、电视、电子刊物等。

（4）网络信息源。网络信息源是一种比较特殊的信息源，是指蕴藏在计算机网络，特别是因特网中的有关信息而形成的信息源。

3. 创业信息的收集方法

（1）间接法收集市场信息，主要包括以下几种：①互联网；②统计部门与各级各类政府主管部门公布的有关资料；③各种经济信息中心、专业信息咨询机构、各行业协会和联合会提供的市场信息与有关行业情报；④国内外有关的书籍、报纸、杂志所提供的文献资料，包括各种统计资料、广告资料、市场行情和各种预测资料等；⑤有关生产和经营机构提供的商品目录、广告说明书、专利资料及商品价目表，等；⑥各地电台、电视台提供的有关市场信息；⑦各种国际组织、外国使馆、商会所提供的国际市场信息；⑧国内外各种博览会、展销会、交易会、订货会等促销会议，以及专业性、学术性经验交流会议上所发放的文件和材料。

（2）直接法收集市场信息，主要包括以下几种：①问卷调查法。②面谈访问法。面谈访问法是通过访问信息收集对象，与之直接交谈而获得有关信息的方法。它又分为座谈采访、会议采访、电话采访和信函采访等方式。③观察法。观察法是通过开会、深入现场、参加生产和经营、实地采样，进行现场观察并准确记录（包括测绘、录音、录像、拍照、笔录等）调研情况。主要包括两个方面，一是对人的行为的观察；二是对客观事物的观察。观察法应用很广泛，常和询问法、搜集实物法结合使用，以提高所收集信息的可靠性。④实验法。实验法能通过实验过程获取其他手段难以获得的信息或结论。实验者通过主动控制实验条件，包括对参与者类型的恰当限定、对信息产生条件的恰当限定和对信息产生过程的合理设计，获得在真实状况下用调查法或观察法无法获得的某些重要的、能客观反映事物运动特征的有效信息，还可以在一定程度上直接观察和研究某些参量之间的相互关系，有利于对事物本质的研究。

（3）新兴的网络调研信息方法，主要包括以下几种：①基于微信、微博、QQ群、E-mail的问卷调研法；②网上焦点座谈法；③使用网络论坛电子公告板进行网络市场调研；④委托市场调查机构调查；⑤合作方式的网络市场调研。

（二）创业机会的评估

尽管发现了创业机会，但这并不意味着要创业，更不意味着成功就在眼前。创业活动是创业者与创业机会的结合，并非所有的创业机会都有足够大的价值潜力来填补为把握机会所付出的成本。因为创业活动具有综合性、多变性、复杂性等特点。因此，在选择创业机会时，应对创业项目实施的各个方面进行综合评估。

1. 有价值的创业机会的特征

（1）有吸引力。

（2）持久性。

（3）及时性。

（4）依附于为买者或终端用户创造或增加价值的产品、服务或业务。

时间对创业者来说，既可以是朋友，也可以是敌人。如果想要通过深刻细致的方法来评价创业机会，一个季度可能不够，一年也不一定够，甚至十年都不一定够，这就是残酷的事实。而在这个现实中最难得的一点就是：创业者必须找到能把好的思路付诸实施的最佳时机，并准确把握住这个时机。

2. 创业机会评价框架

对创业者来说，如何能够从众多机会中找出有价值的创业机会，并采取快速行动来把握机会是创业成功与否的关键。

杰弗里·蒂蒙斯教授提出了备受推崇的创业机会评价框架。其评价框架涉及行业和市场、经济因素、收获条件、竞争优势、致命缺陷问题、理想与现实的战略差异、管理团队和个人标准8个方面的53项指标，见表5-1。

表5-1　创业机会评价框架

行业和市场	1. 市场容易识别，可以带来持续收入 2. 顾客可以接受产品或服务，愿意为此付费 3. 产品的附加价值高 4. 产品对市场的影响力大 5. 将要开发的产品生命长久 6. 项目所在的行业是新兴行业，竞争不完善 7. 市场规模大，销售潜力大达到 1 000 万元到 10 亿元 8. 市场成长率在 30%—50%，甚至更高 9. 现有厂商的生产能力几乎完全饱和 10. 在五年内能占据市场的领导地位，达到 20% 以上 11. 拥有低成本的供货商，具有成本优势
经济因素	1. 达到盈亏平衡点所需要的时间在 1.5—2 年或更短 2. 盈亏平衡点不会逐渐提高 3. 投资回报率在 25% 以上 4. 项目对资金的要求不是很大，能够获得融资 5. 销售额的年增长率高于 15% 6. 有良好的现金流能占到销售额的 20%—30% 或更多 7. 能获得持久的毛利，毛利率要达到 40% 以上 8. 能获得持久的税后利润，税后利润率要超过 10% 9. 资产集中程度低 10. 运营资金不多，需求量是逐渐增加的 11. 研究开发工作对资金的要求不高
收获条件	1. 项目带来的附加价值具有较高的战略意义 2. 存在现有的或可预料的退出方式 3. 资本市场环境有利，可以实现资本的流动
竞争优势	1. 固定成本和可变成本低 2. 对成本、价格和销售的控制较高 3. 已经获得或可以获得对专利所有权的保护 4. 竞争对手尚未觉醒，竞争较弱 5. 拥有专利或具有某种独占性 6. 拥有发展良好的网络关系，容易获得合同 7. 拥有杰出的关键人员和管理团队
致命缺陷问题	不存在任何致命缺陷问题

理想与现实的战略差异	1. 理想与现实情况相吻合 2. 管理团队已经是最好的 3. 在客户服务管理方面有很好的服务理念 4. 所创办的事业顺应时代潮流 5. 所采取的技术具有突破性，不存在许多替代品或竞争对手 6. 具备灵活的适应能力，能快速地进行取舍 7. 始终在寻找新的机会 8. 定价与市场领先者几乎持平 9. 能够获得销售渠道，或已经拥有现成的网络 10. 能够允许失败
管理团队	1. 创业者团队是一个优秀管理者的组合 2. 产业和技术经验达到了本产业内的最高水平 3. 管理团队的正直廉洁程度能达到最高水准 4. 管理团队知道自己缺乏哪些方面的知识
个人标准	1. 个人目标与创业活动相符合 2. 创业家可以做到在有限的风险下实现成功 3. 创业家能接受薪水减少等损失 4. 创业家渴望进行创业这种生活方式，而不只是为了赚大钱 5. 创业家可以承担适当的风险 6. 创业家在压力下状态依然良好

（三）评价创业机会价值的方法

大卫·贝奇（John G.Burch）教授在《创业学》中提到了四种评价创业机会价值的分析方法：标准打分矩阵、Westinghouse 法、Potentionmeter 法、Baty 选择因素法。

（1）标准打分矩阵。通过选择对创业机会成功有重要影响的因素，并由专家小组对每一个因素进行极好、好、一般三个等级的打分，最后求出每个因素在各个创业机会下的加权平均分，从而可以对不同的创业机会进行比较。

（2）Westinghouse 法。实际上是计算和比较各个机会的优先级，公式如下。

[技术成功概率×商业成功概率×（价格－成本）×投资生命周期]/总成本＝机会优先级

（3）Potentionmeter 法。这种方法可以通过让创业者填写针对不同因素的不同情况，预先设定好权值的选项式问卷的方式，来快捷地得到特定创业机会的成功潜力指标。对于每个因素来说，不同选项的得分可以为 –2—+2 分。通过对所有因素得分的加总得到最后的得分，总分越高说明特定创业机会成功的潜力越高。只有那些最后得分高于 15 分的创业机会才值得创业者进行下一步的策划，低于 15 分的都应被淘汰，见表 5-2。

表 5-2　Potentionmeter 法

因　素	+2	+1	-1	-2
1. 对税前投资水平的贡献	>35%	25%—35%	20%—25%	<20%
2. 预期的年销售额（亿美元）	>2.5	1—2.5	0.5—1	<0.5
3. 生命周期中预期的成长阶段	>3 年	2—3 年	1—2 年	<1 年
4. 从创业到销售额高速增长的预计时间	<0.5 年	0.5—1 年	1—2 年	>2 年
5. 投资回报期	<0.5 年	0.5—1 年	1—2 年	>2 年
6. 占有领先地位的潜力	具有	同等	容易取代	不具有
7. 商业周期的影响	不受影响	能够抵抗	受一般影响	受巨大影响
8. 为产品定制 A 价的潜力	很高	较高	一般	不具有
9. 进入市场的容易程度	分散竞争	适度竞争	激烈竞争	牢固竞争
10. 市场实验的时间范围	一般试验	平均试验	很多试验	大量试验
11. 对销售人员的要求	一般训练	平均训练	很多训练	大量训练

（4）Baty 选择因素法。通过对 11 个选择因素的设定来对创业机会进行判断，如果某个创业机会只符合其中 6 个或更少的因素，那么该创业机会就很可能不可取；相反，机会就很大。Baty 选择因素法的 11 个因素，见表 5-3。

表 5-3　Baty 选择因素法

因　素	是否符合
1. 这个创业机会在现阶段是否只有你一个人发现了？	
2. 初始的产品生产成本是否可以承受？	
3. 初始的市场开发成本是否可以接受？	
4. 产品是否具有高利润回报的潜力？	
5. 是否可以预期产品投放市场和达到盈亏平衡点的时间？	
6. 潜在的市场是否巨大？	
7. 你的产品是否属于一个高速成长的产品家族中的第一个成员？	
8. 是否拥有一些现成的初始客户？	
9. 是否可以预期产品的开发成本和开发周期？	

续表

因　素	是否符合
10. 是否处于一个成长中的行业？	
11. 金融界是否能够理解你的产品和顾客对它的需求？	

（四）对创业机会的自我评价

对创业机会的自我评价，可以从以下三个方面进行。

（1）在个人经验层面，要考虑以前的工作和生活经验是否能够支撑后续开发创业机会所必需的知识和技能。

（2）在社会网络层面，要考虑自己身边认识、熟悉的人能否支撑后续开发机会所必需的资源和其他因素。

（3）在经济状况层面，要重点考虑的是能否承受从事创业活动所带来的机会成本。

📖 案例分享

鲜花与鸡蛋

资料之一：鲜花——孙经理的烦恼

孙先生是一家花卉公司的经理，今年31岁，专门从事无土栽培花卉的培植和销售。2002年，他毕业于省外一所著名大学，学的是机电工程专业，由于当时的就业形势不是太好，他就萌生了自己创业的想法。

孙先生从小就对养花种草情有独钟，在大学期间读过一些植物学方面的书，也听过一些花卉培植方面的选修课程，于是他想通过培植特色花卉来开创自己的企业。为了掌握有关的最新技术和寻求特色项目，他先后到云南、河北、北京的通州和大兴等地学习。回到家乡潍坊之后，他发现本地的花卉交易市场较为兴隆，但很少有销售水培花（无土培育，花从添加了营养剂的水溶液中吸收养分）的，孙先生觉得这是一个良好的商业机会。2006年，正巧遇到位于市郊区的花卉大棚出租招商，孙先生承租了其中的一个花棚，面积为490平方米。

目前，孙先生的花棚内培育了27个品种，6 000多株（盆）花，可谓满眼见绿，处处飘香。孙先生却怎么都高兴不起来，他说："三四月份应是上一年冬季培育的产品出清，新一年花卉由土壤中移出并放入水池中育根的关键时节，但是本应在春节前后售出的成品花至今没有卖出去。我的水培花的主株花径大，并且盆中又植入多株其他品种的陪衬花，漂亮、干净、养起来简单、省心；春节前后，市场上单一品种的花径大小相同的土壤培植花一盆 500—600 元，我的这种多品种集成盆栽水培花也只卖 800—1 200 元，但还是仅售出很少一部分；看来对市场还要有一段了解、认同的时间，现在已经到了 4 月份，只有便宜处理了，即使是每盆 400 元也要卖了，否则资金上实在无法周转……"说这段话的时候，他的脸上带着无奈甚至凄凉，眼里泛着失落的神色。

据孙先生说，他的主打品种如果采用土壤栽培，只需 45 天即可上市，而水培周期较长，需要 80 天以上，成本是前者的两倍以上，售价也就高一些。他试过让代理商代售，但花卖出后都不能按约定收回货款，直接向大饭店、宾馆推销时，对方都很感兴趣，但由于不太了解且价格较高而犹豫不决，但对方都愿意让孙先生在大堂、会议室、签字室进行免费展示。对于下一步的销售，孙先生打算请一位专家帮助策划一下，如有可能准备招一推销员到花卉市场推销，以提成 20% 的方式计算薪酬。

"作为新创企业的经理，企业尽管只有 3 个人，目前也面临了困境，但这对我而言也许是一笔特殊的财富，不经风雨怎么见彩虹？"孙先生并没有灰心丧气。

资料之二：鸡蛋——德青源定义鸡蛋标准

中国是鸡蛋消费大国，每年人均消费 240 多枚，但很少有人真正关心鸡蛋的质量。只是觉得现在的鸡蛋味道不对，没有以前的香味，还有一股氨水的味道，蛋白吃起来也没有弹性。北京德青源农业科技股份有限公司（本文简称"德青源"）董事长兼总裁钟凯民就十分怀念小时候吃过的鸡蛋。还没有创办德青源之前，他就开始研究为什么现在的鸡蛋不香了。他发现，鸡蛋不香的关键是鸡蛋没有任何质量标准，这就致使一些养殖户为了提高产量、降低成本肆意而为，在饲养过程中使用了大量的劣质甚至明令禁止的饲料，导致许多有害物质残留在肉和蛋里，这样鸡蛋的味道怎么能好？了解了真相，钟凯民还真不敢随便吃鸡蛋了。在德青源成立的 2000 年前后，食品安全已经引起一部分人的关注，但还没有得到普遍重视。随着中国社会从温饱型向小康型转变，人们开始从吃得饱向吃得好转变，食品安全成了重大话题。于是，钟凯民决定创办一家专门生产鸡蛋的公司，并为鸡蛋制定标准，让广大消费者找回鸡蛋过去的香味。

德青源在北京山清水秀的延庆建立了全亚洲最大的蛋鸡养殖场，总投资 3.5 亿元。为保证鸡蛋的质量，德青源不把鸡简单地当成赢利的工具，而是一开始就重视鸡的生活和生产环境。公司的鸡场具备一流的养殖环境、饮用水和饲料，达到了欧盟和美国的动物福利标准。鸡的心情好了，蛋的质量也就有了保证。为了处理养鸡场的鸡粪，德青源专门建立了沼气发电并网项目，把鸡粪和废水通过地下通道送到厂里，生产沼气用于发电，发酵的剩余物又是上佳的有机肥，让农民种植玉米，玉米又变成鸡的饲料，形成一种良好的循环，实现了污染物的零排放。

养鸡最怕的是传染病，但钟凯民对此并不觉得特别可怕。他说，以禽流感为例，其实可防可控，人们早在 1875 年就研制了禽流感疫苗，从那以后规范管理的大型鸡场就没发生过禽流感，出现问题的是一些小型鸡场和个人养殖户。预防传染病关键是要及时对每只鸡进行防疫注射。鸡的其他流行病也是如此，可以进行防控。

德青源不仅对自己的鸡进行防控，还加强了周围 3 公里的家禽疾病防治。在政府的大力支持下，公司将鸡场周围 3 公里内所有村庄的家禽全部赎买，建立了周边 3 公里的"家禽真空带"，并跟各村签订合同，低价供应肉鸡和鸡蛋，解决农民的需求。

短短 7 年多，德青源从 50 万元起家到 5 亿元的资产，从几百只鸡到 300 万只鸡，从每天供应数百枚鸡蛋到 150 多万枚，公司每年的营业收入增长速度超过 150%。2007 年销售额 1.5 亿元，2008 年预计 3.5 亿元。公司的产品除了鸡蛋外，还有鸡肉、液蛋等附加产品。沼气发电和二氧化碳的碳减排都有收益。德青源还创造了数个第一：第一个制定鸡蛋标准，第一个在每枚鸡蛋上标注生产日期和防伪码，第一个建立养鸡场的规范和标准，第一个建立大型沼气并网发电工程，第一个在电视上做鸡蛋广告，等等。

德青源至今已经融资 7 次，差不多每年一次。目前正在进行第 8 次融资，公司准备在安徽和广东再建两个生产基地，复制北京的模式，供应长三角和珠三角地区。

（来源：鲜花与鸡蛋特色养殖与种植的成败案例分析 [EB/OL].豆丁网，2011-12-01. https://www.docin.com/p-298722024.html）

思考：

1. 孙先生对创业机会的分析和把握是否准确？为什么？
2. 孙先生对水培花定价的依据是什么？其定价策略应如何调整？
3. 孙先生所采用的商业模式是否成功？
4. 你认为主要是哪些方面的原因导致了水培花的创业困境？
5. 两个创业者选定目标市场的思路有何不同？
6. 结合以上两份资料，谈谈特色养殖、种植行业的创业所面对的风险有哪些？如何应对？

第三节　创业模式

创业模式是指创业者为实现自身的创业目标而对各种创业要素的合理搭配，主要包括创业的组织形式、方式和行业选择等。创业者在创业之初的第一个重要选择就是寻找适合自己的创业模式，这是创业成功的关键；创业者从细小的生活细节中发现自身潜质，确立自己的创业方向，是至关重要的一步。大学生创业者受资金少、经验少、社会关系匮乏等诸多因素的困扰，通常使得许多大学生创业者裹足不前。其实他们忽略了一点：创业的模式方法有很多，选择最适合自己的创业模式，很多不利因素是可以得到化解的。下面介绍几种常见的创业模式。

一、白手起家模式

白手起家是从无到有、从零开始的创业模式，犹如先有了一个鸡蛋，用蛋孵出了小鸡，再鸡生蛋，蛋生鸡，从而一步步积累资产的过程。白手起家是最困难的创业方式，因为缺少资金、没有人脉，只能艰苦奋斗一点一滴地积累和摸索。白手起家的创业秘诀是：必须有市场预见性，有良好的信誉和人品，有吃苦耐劳的精神。

📄 案例分享

"一带一路"中柬埔寨创业故事：卧薪尝胆的玉林人

在柬埔寨有这样一句谚语，"当华人被卡住脖子的时候，柬埔寨人会伸出舌头"。意思是政府向华人征收重税，作为消费者的柬埔寨人才是受影响最大的。为什么会有这样的说法？

或许我们从柬埔寨的见闻中可以略知一二，行走在柬埔寨首都金边、旅游城市暹粒的大街小巷、酒店、餐馆、商店，目之所及处大都是刻有中、英、柬三种文字的招牌。更有这样一种说法，"柬埔寨经商者中超过90%都是华人，而华人中超过90%的从商"。可见，在柬埔寨各行各业都有华人华侨的身影。长期以来，华人华侨与柬埔寨人共同建设柬埔寨，共同经历了艰难的历史时期，情谊难分彼此，华人华侨已成为现今柬埔寨执政党及其政府对内改革、对外开放所倚重的力量之一。

玉林人善于经商，在唐宋时，玉林就是名闻遐迩的"岭南都会"。改革开放之初，玉林开风气之先，乡镇企业如雨后春笋，成为广西商品经济最为活跃、发达的地区。此后，玉林的发展不断升级：从零星散落的家庭作坊，到连缀成片的企业厂区；从粗放型的冶铜、冶铁、贩盐，到现代的机械、陶瓷、皮革服装、中药材等产业；从农业一枝独秀，到非公有制经济发展方兴未艾。"岭南都会"再现繁荣景象。如今从有着"中小企业名城""岭南都会"等多个靓丽名片、从商贸气息浓郁的玉林走出去的玉林籍华侨华人，他们在柬埔寨经济社会快速发展、波澜壮阔的进程中扮演着什么角色，又有着怎样的贡献呢？

曾经，老一辈华人华侨或是出于躲避战争迫害或是出于谋生，搭乘木帆船漂泊万里，白手起家在海外闯下一片天地，这其中，多少人永远沉睡在木帆船的船舱里，又有多少人被埋在了橡胶园、矿山上？老一辈华人华侨们用他们的血与泪，书写了一部又一部迁移史和奋斗史。

而在新时代，"下南洋"早已被赋予了新的含义。改革开放以后，随着中国经济社会的快速发展，不少国人以留学、劳务输出、亲属移民等方式走出国门寻找发展机遇，相比于传统华侨来说，他们知识层次更高，工作领域更广，思想观念也更为新颖，日益强大的祖国是他们在海外拼搏背后最大的支撑。因此他们不仅在海外成就了自己的事业，也成为中国面向全球、扩大开放的见证者和参与者，这些华侨也被称为新侨。在柬埔寨的玉林籍华侨华人身上，我们看到，与那些充满流亡、离散与悲情的下南洋故事不同的是，他们的生活不再是当年寄人篱下的凄凉光景，他们已经昂首挺胸地站在柬埔寨各行各业的前列，他们的创业故事书写着新时代独特的标签。

如果你在熟悉的地方已经取得令人瞩目的成就，你是选择留守当地，还是选择离开舒适的环境，去到一个陌生的异国他乡再一次丈量自己的巅峰？北流市塘岸镇的谢战选择了后者。有着"建筑之乡"美誉的北流，从来不缺乏建筑老板。作为一名农家子弟，谢战没有任何背景，但他靠着自己的勤劳和拼劲一步一个脚印，从一个泥水工逐渐成长为一名企业老总，鼎盛时期他在南宁拥有着长旺材料装饰市场、琅东瑞康农贸市场等4个专业市场。

经历过成功后，是躺在功劳簿上沾沾自喜，还是继续摸索前行？2011年，谢战来到柬埔寨考察开发专业市场。创业初期，陌生的高棉语、西式化的饮食习惯、资金运转困难，这些都让身在异国他乡的谢战很多工作都难以开展。"那段时间是吃也吃不好，睡也睡不好。"谢战回忆，压力越大，反而越是激起他更强的斗志。近几年，通过聘请当地人做向导，不仅沟通问题逐渐得到克服，谢战自己也学会了在日常沟通中用上了高棉语。随着资金运转流畅起来，谢战目前计划把在南宁的商业模式复制到柬埔寨，在柬埔寨投资建设一个材料装饰市场，一个农副产品市场，总投资大约4亿元人民币。

陆川县马坡镇的钟献来到柬埔寨的时间则更早。1993年，柬埔寨结束了长达20多年的战乱，成立了柬埔寨王国，这个国家进入恢复重建阶段，而这时候的柬埔寨百废待兴，处处蕴含着商机。怀揣着一番出人头地的梦想，钟献孑然一身经越南胡志明市来到柬埔寨首都金边。在走访调查中，钟献敏锐地发现当地百姓长期战乱后缺医少药中蕴含着的巨大商机，于是他果断在金边做起了中药材批发和诊所生意，而他背后日益强盛的祖国为他的生意带来更多机遇。"家乡玉林的中药材批发市场那个时候已经相当完善了，有着众多种类的中药材，我就把药材批发过来，很受柬埔寨人欢迎，所以我的生意也越做越大。"钟献回忆，随后他又发现，柬埔寨作为一个以农业为主的国家，但是当地的农民却几乎不怎么知道使用化肥，他又做起了化肥批发生意，从广西批发化肥到柬埔寨销售。

20多年过去，钟献在柬埔寨已经成立两家公司，集生产、销售于一体，每年销售复合肥、有机肥达6万吨，销售网络覆盖柬埔寨全境，同时还辐射到越南、泰国。不仅如此，钟献还经营着一个14 000多公顷的农场，以种植剑麻为主，在2018年东盟博览会上，钟献与广西剑麻集团达成合作意向，由广西剑麻集团提供优质剑麻种苗，传授种植和加工技术，钟献负责在柬埔寨推广种植，共同将广西的剑麻产业做大做强。"我们能取得今天的成就，离不开我们背后安定、和谐、繁荣、富强的祖国，我们将继续把自身前途与祖国命运紧密相连，助力祖国发展建设。"钟献深有感触地说。

打开千年历史视野，回顾百年奋斗足迹，探寻历史渊源中属于未来的东西，我们可以清晰地看到，"率先粮改""玉柴现象""玉博盛会""海峡两岸农业合作"，敢为人先、敢闯敢干的玉林人以他们超越常人的胆识与气魄创造了一个个奇迹，让世人瞩目，历史与现实交相辉映。如今，一群群善创业、勇创业、敢创业的玉林人带着代代相传的优秀基因，走出国门，以不怕困难、多谋善断、自力更生、艰苦奋斗的顽强意志，在海外用自己的聪明才智不断书写着人生的新篇章，向世界展示了玉林人的风采，赋予"下南洋"更多新的含义，更在"一带一路"建设中留下了不可磨灭的印记。

（来源：梁华，邓斯潇."一带一路"中柬埔寨创业故事：卧薪尝胆的玉林人［N］.玉林日报，2018-10-24.）

思考：

1. 钟献是如何在柬埔寨发现商机的？

2. 在"一带一路"影响下，新时代的"下南洋"体现了什么创业精神？

二、收购现有企业

对于初创业的青年学生来说，可以通过接手经营别人转让的公司。如饭店、理发店、服装店等一类的小生意；也可以通过收购公司重组转卖，也就是低价买进，高价卖出。这样做的优点是具备一定的基础，不用从头开始，节省时间。缺点是风险不易评估，原因在于风险大小视经营项目而定，收购行动本身最大的风险在于收购的业务可能隐藏财务危机、潜在债务、诉讼及其他问题等。成功与否的关键在于投资者的眼光，要对企业做全面的了解，仔细评估。

三、代理

代理是一种很常见的创业方式。代理商是生产商的经营延伸，做代理商虽然是为他人作嫁衣，但同时也是在为自己积累经验。通过代理可以完成自己的原始资本积累，同时还能学习营销知识，建立渠道网络。寻找那些品牌信誉好、发展潜力大的产品做代理，是一桩本小利大、事半功倍的买卖，适合初始创业者。中关村有很多品牌电脑代理就是借助别人的品牌发展自己。但代理需要注意以下几点。

（1）选择大牌、品牌信誉好、发展潜力大的公司的产品做代理。

（2）代理最大的危险是被厂家卸磨杀驴，所以只能依附，不能依赖。

（3）最终要建立自己的品牌，维护自己的渠道，不能将自己的命运始终交给别人掌握。

四、加盟（特许经营）

一份调查资料显示，在相同的经营领域，个人创业成功的概率很低，但加盟创业的成功率则高达80%—90%。加盟者不必自己探索开创新事业的道路，只需向总公司支付一定的加盟费，就可以经营一个知名的品牌，并长期得到总公司的业务指导和服务。采用总公司良好的品牌形象和成功的经营经验，不但降低了经营风险和投资风险，还可以从总公司那里得到经营、管理、培训、法律、财务、原料配给、广告宣传等全方位的支持。对于创业资源有限的大学生创业者来说，借助连锁加盟的品牌、技术、营销、设备优势，能够以较少的投资、较低的门槛实现自主创业。

加盟成功的关键因素包括以下几项。

（1）选择适合自己的加盟品牌。

（2）选址是非常重要的一环，要小心挑选。

（3）宁缺毋滥。

（4）善用总公司的资源来配合业务的发展，比如广告、印刷品、培训等。

（5）签合同切勿草率。

五、网络创业

随着网络技术的应用，网络创业已经越来越为社会所接受。这种创业方式比较灵活、自由，投资少、门槛低，只需要具备一定的技术基础，熟悉网络基本操作，如发送邮件、聊天软件、营销软件、建立网站等。这对青年学生来说并非难事，而且无论是专职还是兼职创业均可。网络创业主要有两种形式：网上开店，即在网上注册成立网络商店；网上加盟，以某个电子商务网站门店的形式经营，利用母体网站的货源和销售渠道。

🔗 互动游戏

比比抓手

一、游戏目的

使学生正确认识自己的实力以及机会的评价、选择等。

二、游戏准备

准备编号的乒乓球若干只（用适当的方法在乒乓球上进行编号），并用塑料袋装好。

三、游戏程序

（1）学生分成数量相等的若干小组。

（2）教师请学生估计一只手能抓起多少只乒乓球？教师对学生的回答做好统计，最少的数量是多少，最多的数量是多少，回答每一个数字的人数又是多少。

（3）教师让学生试着抓乒乓球（只能用一只手，不能用另一只手帮忙），看他们能抓多少个。

（4）其他学生观察与他们先前的估计数字是否有出入。

四、游戏规则

（1）不同的编号的乒乓球代表不同的分值。

（2）每个人只能抓一次，时间为 10 秒钟。

五、评分标准

（1）小组成员估计抓数与实际抓数的差值的绝对值的和（越小越好）。

（2）小组成员每个人抓数的分值和（越大越好）。

评分表示例：

小组名：_____

小组成员	估计数（A）	实际数（B）	绝对值（A-B）	个人分值之和
1				
2				
3				
4				
5				
6				
小计				

六、互动讨论

（1）游戏中发生了什么样的情况，为什么？

（2）给我们有何创业方面上的启示？

七、游戏点评

（1）学生在抓乒乓球前，一般都不能准确地估计自己究竟能抓起多少只乒乓球，并且多数人往往会低估自己的实力。有时人们面对机会往往会高估抓住机会的难度，不去尝试，从而错过了很多的机会。

（2）每个球都有编号，不同的编号，代表了不同的分值，学生在抓乒乓球时，有没有考虑要抓住分值大的乒乓球呢；同样地，不同的机会，其价值大小是不同的，人们面对众多的机会，是否能看清哪些机会的价值较大，并抓住它们呢？

（3）现实中人们遇到的机会有很多，抓住了机会，就一定能挖掘利用一个机会的价值吗？事实上并不见得。因为，无论是个人，还是企业，其能力总是有限的，通常很难利用好每一个机会。人们只有在自身实力与掌握机会的难度两者间做出权衡，充分发挥自身的实力，才能做好自己力所能及的事情。作为创业者，要认真地甄别、把握各种各样的市场机会。

📖 "一带一路"国家简介

斯里兰卡

斯里兰卡民主社会主义共和国，简称斯里兰卡，首都科伦坡，是一个位于南亚次大陆以南印度洋上的岛国，总面积 65 610 平方千米。

2013 年 5 月，斯里兰卡总统马欣达来华国事访问，双方决定将中斯关系提升为真诚互助、世代友好的战略合作伙伴关系。

斯里兰卡地势中间山地高四周沿海平原低，水资源丰富，森林面积约 200 万公顷，覆盖率约 30%。主要出产麻栗树、红木、黑檀、柚木和铁木等珍贵木材。此外，还有大量的橡胶木和椰子木，可用来制作家具。主要矿产有宝石和石墨，此外还有钛铁、磷灰石、磷酸盐等。其石墨纯度极高；钛铁矿、金红石、高岭石、球黏土和砖黏土等多用于工业出口。

2021 年 1—12 月，中斯贸易额 59 亿美元，同比增长 41.9%。其中，中国对斯出口 52.5 亿美元，同比增长 36.7%；自斯进口 6.5 亿美元，同比增长 104.7%。中国企业对斯非金融类直接投资 1.3 亿美元，同比增长 174.8%。中国企业在斯新签工程承包合同额 37.3 亿美元，同比增长 257.2%；完成营业额 13 亿美元，同比增长 0.9%

第五章
创业前的准备

第一节 创业市场调查

一、创业市场调查的内容与方法

创业市场调查的
内容与方法

（一）创业市场调查的概念

广义的市场调查是以科学的方法和手段，收集、分析产品从生产到消费之间一切与产品销售有关的资料，如产品的生产、定价、包装、运输、批发、零售及产品宣传情况、销售策略、渠道和市场开发情况，以至政治、经济形势等。广义的市场调查包括：市场环境调查，消费需求调查，消费状态调查，产品、定价、销售渠道调查，广告效果调查，企业形象调查，消费者生活习惯调查，政治、经济形势调查，等等。狭义的市场调查是指以科学的方法和手段收集消费者对产品（或服务）的意见，以及购买情况、使用情况和产品（或服务）销售情况等信息的工作。

（二）创业市场调查内容

市场调查的内容涉及市场营销活动的整个过程，主要包括以下几项内容。

1. 市场环境调查

市场环境调查主要包括经济环境、政治环境、社会文化环境、科学环境和自然地理环境等。具体的调查内容可以是市场的购买力水平，经济结构，国家的方针、政策和法律法规，风俗习惯，科学发展动态，气候等各种影响市场营销的因素。

2. 市场需求调查

市场需求调查主要包括消费者需求量调查、消费者收入调查、消费结构调查、消费者行为调查。具体的调查内容包括消费者为什么购买、购买什么、购买数量、购买频率、购买时间、购买方式、购买习惯、购买偏好和购买后的评价等。

3. 市场供给调查

市场供给调查主要包括产品生产能力调查、产品实体调查等。具体的调查内容包括某一产品市场可以提供的产品数量、质量、功能、型号、品牌，生产企业的情况等。

4. 市场营销因素调查

市场营销因素调查主要包括产品、产品的价格、渠道和促销活动的调查。产品的调查主要包括了解市场上新产品开发的情况、设计的情况、消费者使用的情况、消费者的评价、产品生命周期阶段、产品的组合情况等。产品的价格调查主要包括了解消费者对价格的接受情况、对价格策略的反应等。渠道的调查主要包括了解渠道的结构、中间商的情况、消费者对中间商的满意情况等。促销活动的调查主要包括各种促销活动的效果，如广告实施的效果、人员推销的效果、营业推广的效果和对外宣传的市场反应等。

5. 市场竞争情况调查

市场竞争情况调查主要包括对竞争企业的调查和分析，了解同类企业的产品、价格等方面的情况，他们采取了什么竞争手段和策略，做到知己知彼，通过调查帮助企业确定竞争策略。

（三）创业市场调查的方法

市场调查与研究是发现创业思路的催化剂，没有深入实际的市场调查和社会调查，就不会发现与环境兼容并且能够创造顾客需要的创业项目。

调查是研究的前提和基础，研究是调查的延续和升华。这两个环节，第一个环节是科学地定义问题，了解、掌握市场真实的资料；第二个环节是对所得的各种资料进行去粗取精、去伪存真、由此及彼、由表及里的分析，以实现对市场商机的正确认识。创业市场调查的方法主要包括以下几种。

1. 观察法

观察即用眼睛看。观察法是通过对环境的观察产生和修正创业思路的方法。

人们获得信息的 70% 来自视觉，所以通过观察能够获得大量的创业思路与信息。如要在一条 200 米长的街面上开饭店，那么就应该拿上一支笔和一个本，在这条街上至少走上 100 次，反复观察这条街的商业环境、人员结构、店铺布局、卫生状况、交通情况、企业联系等相关因素。做到每走一次发现一个问题，并记录在本子上。显然，将这 100 个问题一一解答后，创业思路也就有了。

观察法的要领是"用心观察"，只有用心地看、用心地想才能发现所蕴藏的商机和威胁，形成创业思路。

2. 体验法

体验即用亲身体验来认识事物，以此来发现和修正创业思路。

俗话说："不当家不知柴米贵，不养儿不知父母恩。"体验是比观察更深入一步的调查研究。观察主要是用眼睛捕捉创业思路，体验则主要用自己的身体感受引发创业思路，如通过找不到橡皮的亲身体验萌发把橡皮和铅笔连接在一起的创业思路。当你带着开饭店的梦想，遍尝了别的饭店的手艺后，就会知道自己能否开饭店或开什么样的饭店了。

不仅如此，体验法也是克服创业者偏爱的好方法。在经过多年创业培训后笔者发现，人们很容易对自己的创业思路产生脱离实际的偏爱。创业者偏爱是一件很可怕的事情，因为对不曾经历过的事情，在开始之前无论认为好还是坏、易还是难都是靠不住的，很多看似浅显的事情，行动之后才发现不像想象的那样，正所谓"出水才看两腿泥"。因此，只有亲自实践才能揭示事物的本质和内幕，克服创业者偏爱。

3. 询问法

询问即打听或征求意见。询问不是自己直接去看或体验，而是了解别人的体验和感受，属于第二手资料。观察法和体验法所得到的结果是自己亲眼所见和亲身感受的，无疑是客观事实，但自己的知觉未必就是别人的知觉。因此，要向顾客询问、向干系人询问，了解他们的感受与看法。而创业者的经验与教训也是无法靠简单的观察和体验获得的，在询问中创业者兼听则明，进而发现新的创业思路。

创业者在形成创业思路的时候，既要亲自观察和体验，又要注意向业内资深专家请教，请他们为创业思路把脉。特别是在不熟悉的领域创业，创业者更要倾听业内人士的意见，无论是否定还是肯定意见，对你都十分有价值。

4. 换位法

换位即转换自己的位置，从关系人（特别是顾客）的利益角度对商机进行调查研究。换位法不仅是调查研究的方法，而且是调查研究的理念。因为创业思路是否具有商机，不是由创业者的主观愿望而定，而主要受外部关系人态度的影响，从这个意义上说创业是在给别人选择项目。所以，在进行调查研究时，要站在顾客、竞争者、供应商、公众、政府甚至反对者的位置思考创业思路，从他们的视角和利益出发，运用观察法、体验法和询问法进行调查和搜集第一手资料。

当然，青年学生还可以运用其他调查研究的方法，如跟踪调查、抽样调查、蹲点调查、问卷调查等，运用互联网手段进行调查研究也是十分有必要的。

二、在市场调查中发现商机

（一）发现创业机会

1. 问题型创业机会

问题型创业机会即现实生活中存在的缺陷、不完备的或完全空白的问题。只要涉及生产生活、消费娱乐等诸多领域的种种不便、不足都可能是问题型的创业机会。

2. 变化型创业机会

变化型创业机会即在变化中看到未来的发展方向并能预测到良好前景的创业机会。如今，科学技术发展日新月异，人们的生活发生了翻天覆地的变化，人口形势、风俗习惯、审美取向等都在随着时代的发展改变旧貌换来新颜。从变化中发现机会并把握机会，是创业者成功创业的重要前提。

3. 组合型创业机会

组合型创业机会即将现有的技术、产品或服务等因素加以组合以实现新的价值产生的创业机会，如把旧有表象组合、加工创造出新的表象。

（二）在热点旁边找创业思路

高档住宅热产生了物业新行业；私人轿车热产生了汽车美容新行业；出国热产生了出国中介新行业……总之，热点与新产业或新行业的诞生有着紧密的联系。

我国目前具有许多大趋势性质的社会热点现象。例如：社会老龄化产生的老年护理需求热、环境污染产生的优良环境需求热、食品安全问题产生的绿色食品热、下岗失业问题产生的就业热、网络时代产生的网络游戏热等。类似的还有单亲家庭问题、城市扩大与农民转入城市问题、个体创业、文明病的增多、国外求学投资等。这些热点旁聚集着庞大的人群，他们有着共同需要，并期盼能够满足需要的创业项目。

第二节　撰写创业计划书

创业计划书就是一个创业构思产生后，形成具体创业项目的完整实施方案。一个完整的创业计划书包括的主要内容是封面、创业计划摘要、行业分析、公司介绍、产品与服务、市场分析、营销策略、创业团队与组织机构、制造计划、财务规划、财务报表、财务分析等，以上内容根据创业项目的具体情况可进行分解或整合。

撰写创业计划书

一、封面

封面包括标题、虚构实体企业的名称及企业标志三个主要内容，标题为"项目名称+创业计划书"，同时封面要有体现创业计划特色的背景图案。

二、创业计划摘要

企业计划摘要部分内容是创业计划书的缩影，必须充分体现创业计划书的要点与亮点，以便阅读者在最短的时间内对该计划书中所提创业项目的质量、新颖性等做出判断。

三、行业分析

一个创业计划书在拟定之前必须有一个创业构思，这个构思来源于对相关行业的分析，也就是对该行业的现状及未来发展趋势有一个判断，行业分析准确与否取决于创业者对宏观政策、技术发展要求与趋势及进入该行业必备条件的了解是否充分。

四、公司介绍

一份创业计划书必须虚拟一个实体的公司，既然是公司就必须确定公司的名称、性质、标志（logo）、宗旨及理念、目标客户、产品、发展阶段等主要内容。

五、产品与服务

产品与服务是创业计划书中比较核心的内容，在一定程度上体现了该创业计划书的特色，包括产品的概念、性能及特性，主要产品介绍，产品的市场竞争力，产品的研究和开发过程，发展新产品的计划和成本分析，产品的市场前景预测，产品的品牌和专利等。

六、市场分析

市场分析是创业者对市场范围、规模、特点及市场容量等项目进行调查分析，分析并判断该项目投产后所生产的产品在一定的时间内是否有市场，以及采取何种营销策略实现销售目标。

七、营销策略

企业营销策略的制定体现在市场营销组合的设计上。为了满足目标市场的需要，企业对自身可以控制的各种营销要素，如质量、包装、价格、广告、销售渠道等进行优化组合。重点应该考虑产品（Product）策略、价格（Price）策略、渠道（Place）策略和促销（Promotion）策略，即"4PS"营销组合。随着网络等信息技术的发展，近年又有人提出了"4CS（顾客、成本、便利和沟通）"为主要内容的市场营销组合。

八、创业团队与组织结构

在创业计划书中，必须要对主要管理人员及研发人员等加以阐明，介绍他们所具有的能力，他们在本企业中的职务和责任，他们过去的详细经历及背景。组织结构的内容包括公司的组织机构图，各部门的功能与责任，各部门的负责人及主要成员，公司的股东名单（认股权、比例和特权、公司的董事会成员及其背景资料）。

九、制造计划

制造计划也是产品形成的关键，主要包括产品制造和技术设备现状、新产品投产计划、技术提升和设备更新的要求、质量控制和质量改进计划。

十、财务规划

财务规划包括资金需要量的预测，资金的来源，资金的投放，资金的使用、管理及资金的分配，财务预算，等等。

十一、财务报表

财务报表包括资产负债表、损益表、现金流量表或财务状况变动表、附表和附注。财务报表是财务报告的主要部分，不包括董事报告、管理分析及财务情况说明书等列入财务报告或年度报告的资料。

十二、财务分析

财务分析主要是对上述预计财务报表做财务分析，重点分析偿债能力、营运能力、盈利能力和发展能力。

以上这些内容在实际撰写创业计划书时可以根据需要做适当的整合、分解或增减。

第三节　整合创业资源

一、创业资源的类型

创业资源既有物质的，也有精神的；既有有形的，也有无形的。对于一般的创业者而言，成功的创业离不开以下几种创业资源：周密的创业计划书、优秀的创业项目、创业人才队伍、核心技术、创业资金、社会关系网络等。这几种创业资源共同作用，形成创业产品和创业市场，并决定创业项目的利润水平及创业资本的积累能力，进而左右创业企业成长发展的速度。

（一）周密的创业计划书

创业计划书是创业者引导企业走向成功的路线图，它是详细描述企业投资的书面文件，又被称为商业计划书。对于正在寻求资金的企业来说，创业计划书的好坏，往往关系到投资交易的成败，对初创企业来说，创业计划书的作用尤为重要。一个酝酿中的项目往往很模糊，通过制定创业计划书，把优势与劣势都书写下来，然后再逐条推敲，就能对这一项目有更清晰的认识。可以说，创业计划书首先把计划中的企业推销给创业者自己，然后再把计划中的风险和收益推销给风险投资家。

优秀的创业计划书不仅要介绍创业者的人品、素质、修养、能力、个人魅力等特性，还要阐述创业企业所拥有的产品技术比较优势、产品后续研发能力、广阔的市场前景、创业团队的特色、优势能力、其他有利因素等。可以说，创业者和创业团队的共同愿景和以此为基础形成的创业企业文化、创业企业的核心竞争力、创业企业创新产品的市场前景和市场潜力，共同构成了创业计划书的"灵魂"。

（二）优秀的创业项目

优秀的创业项目也是创业的一种重要资源。企业在创立之初可能有一个项目或几个项目，这些项目可能具有广阔的市场前景和丰厚的投资回报。但是对于一个初创企业，同时选好几个项目进行开发和市场调研，无论是从初创企业的人力、物力还是财力上看都显得有些不切实际。在企业创立初期，往往面临着资金短缺、人力资源相对不足等问题，在这样的条件下，创业项目的选择就显得十分重要。从不少企业的创立实践来看，创业的失败多数是由于创业启动项目选择不当而引起的。因此，选择创业的启动项目应慎之又慎。下面以产品项目为例，说明如何选择创业的启动项目。需要考虑的问题如下。

（1）产品先进性、市场优势及前景。一般而言，功能先进、预期成本水平适当的产品才能算是先进的产品，同时要看该产品与同类产品或相近产品相比是否具有比较优势，以及是否具有广阔的市场前景。

（2）产品生产技术的先进性和成熟性。现实中不乏初创企业产品设计先进，但成品落后，从而缺乏市场竞争力，不战自溃的例子，其原因往往就在于创业者没有掌握先进的、成熟的产品生产技术。

（3）特定产品项目的投入要求和生产许可。一般而言，推动任何产品项目，创业者都需要投入一定量的生产资金，并需要获得政府有关部门的生产许可。

（4）项目预期的财务效益。起步项目可能产生的财务效益，是初创企业生存与发展的资金源泉，往往也是创业者选择创业的原因。因此，选择起步项目就必须关心项目可能形成的财务效益。

（5）特定项目对于企业技术价值成长性的贡献。在创业企业特别是高新技术企业创立过程中，初创企业技术价值成长性决定着企业未来的命运。如果企业的技术价值不具有成长性，随着新技术的不断涌现及技术进步速度的加快，特定企业的技术日趋陈旧，必将被市场无情地抛出高新技术企业的行列。因此，企业在选择起步项目时，还必须预计特定项目对于初创企业价值成长性的贡献。

（三）创业人才队伍

在创业的众多要素中，人是最核心的要素，人力资源是所有企业中最宝贵的资源，被经济学家称为第一资源。

创业者作为创业企业的发起者和领导者，其个人品质、素质及能力对创业企业的成败起着至关重要的影响作用。对于一个创业人员，首先要具备创业品质，包括具有独立性、勇气、吃苦耐劳的精神、毅力、社会责任感及信用。同时，还要具备一定的创业知识素质，比如要有一定的专业知识背景，了解与创业相关的各种知识，有一定的市场经济理论基础，还要有一定的管理理论基础，懂得相关的法律知识。创业者还应具备一定的表达能力和人际交往能力，以及管理能力、经营能力和创新能力。

青年学生多数是专业人才，因此对企业管理、战略布局及市场营销等方面的知识和经验可能不足，所以必须要组建一支懂得管理和营销的优秀人才创业团队，在知识、经验及性格等方面互补，通过团结协作、相互扶持促进企业的发展壮大。

（四）核心技术

核心技术是与产品关键部件相对应的一个概念，即关键部件的设计和制造技术。核心技术在不同产品中表现为专利、技术诀窍、产业标准等不同形式的知识，这类技术可以重复使用，在使用过程中价值不但不减少，而且能够增加，具有连续增长、报酬递增的特征。

世界千变万化，初创企业唯有努力提升自我、以核心技术的创新面对发展才是王道。其原因有三：一是核心技术是决定创业产品的市场竞争力和获利能力的根本因素；二是核心技术决定了所需创业资本的大小，对于在技术上非根本创新的创业企业来说，创业资本只要保持较小的规模便可维持企业的正常运营；三是从创业阶段来说，由于企业规模较小，因此管理及对人才的需求度不像成长期那样高，创业者的企业家意识和企业拥有的核心技术是创业阶段最关键的创业人才与创业管理资源。

（五）创业资金

资金是企业运营的血液，没有资金，创业企业及创业管理团队就无法生存，创业过程的每一个环节、每一个阶段，都需要足够的资金支持。对于初创企业，企业的创立初期也是其高投入期，且任何不确定的风险因素都会直接或间接地转化为对投资增加的需求。创业者在设立企业和起步项目时要求的资金是创业所需最基本的资金。在设立企业过程中，各种费用如调研费、咨询费、公关费、注册登记费、办公设施费及人员招聘培训费等都是必需的。同时，使企业得以生存与发展的起步项目的运行同样需要各种费用，如技术获取费、固定资产投资、运行费用、许可证费用和市场开拓费用等。

在创业的起步阶段，创业者通常要筹集一定的自有资金，甚至是节衣缩食来加以筹集，作为创业起步的"开门资金"。对于绝大多数缺少自有资金但持有技术的创业者而言，真正谋求起步的资金来源主要有以下几类。

1. 个人储蓄

个人储蓄是个人创业资金来源最有效，也是最便捷的方式，这种方式需要处理的问题最少，创业者创业成功后也不会引起权益纠纷。美国《企业》杂志通过对 3 500 个发展最快的创业企业进行调查，得到的结论是 79% 的创业资金是利用了个人储蓄。

利用个人储蓄进行创业是最稳妥的创业资金来源，但是创业者也要充分考虑其中的风险，投资的额度不应超过自己的承受能力与心理底线。能利用个人储蓄固然不错，可是很多创业者并不具备这样的条件，那么就得考虑其他的方式。

2. 亲戚朋友的借款

有时，向亲戚朋友们借款是初创企业获得启动资金的唯一途径。创业者通过这一渠道也能迅速筹集所需的创业投入资本。但是由于这一融资形式更多地是以个人感情与亲情为基础。因此，有时创业者遇到的烦恼就是这些提供了借款的亲戚朋友们，他们会经常过问企业经营状况或为企业的发展提供很多建议，似乎他们是企业的股东。尽管这是一种热心的表现，但有时会干扰企业的正常经营和管理。如果这些问题处理得不好，甚至会影响彼此之间的感情，这常常会使创业者背负感情的包袱。所以，创业者最好制订一个完善的还款计划，以加强亲戚朋友们的心理安全感，如果经营状况允许也可以考虑提前还款。

3. 银行贷款

近年来随着国家对创业者的重视与支持，我国各大商业银行都陆续推出了创业贷款计划。凡是具有一定生产经营能力或已经从事生产经营活动的个人，因创业或再创业需要，均可向开办此项业务的银行申请专项创业贷款。但一般来讲，在我国大部分地区这种专项创业贷款的额度都相对较低，大多不超过 3 万元。因此，如果有条件的话，创业者最好还是考虑商业贷款，这样得到的额度会高很多，基本上可以解决大多数创业者的资金需求。

4. 天使投资和众筹

天使投资是自由投资者或非正式风险投资机构对原创项目构思或小型初创企业进行的一次性的前期投资。天使投资是风险投资的一种，是一种非组织化的创业投资形式。由于天使投资者较少受财务利益的驱动，所以他们要求的回报往往少于风险投资家。除了以赚钱为目的外，很多天使投资者投资新创企业也是为了参与该企业的创业过程。

随着互联网金融的兴起，创业股权式众筹成为青年学生创业者寻求资金来源的一种全新方式。创业者将自己的产品或创意发布到网络众筹平台，供感兴趣的投资者认购，以此快速有效地获得创业资金。

5. 政府的投资与扶持

为了扶持与鼓励创业活动，我国政府陆续出台了许多相关政策，创业者可以充分利用这些有利条件进行融资或贷款。政府投资是我国科技创业资本的重要资金来源，特别是对高新技术而言，如果初创企业具备核心技术竞争能力，且具有良好的外部经济性，申请政府的资金支持这一资金渠道便发挥着无可替代的作用。我国政府提供的主要企业融资项目有再就业小额担保贷款、科技型中小企业技术创新基金、中小企业国际市场开拓资金、青年创业贷款及各种地方性优惠政策等。

6. 其他企业资金

企业在生产经营过程中，往往会形成部分暂时闲置的资金，有的企业出于提高资本使用效率、拓宽经营范围、进行战略性投资等考虑，会直接对初创企业进行投资，或者对技术成果转化提供资本支持，或者设立创业投资机构。

（六）社会关系网络

社会关系网络包括个人的人际社会网络及个人作为成员与社会团体和组织所建立起来的稳定的联系，即个人的社会网络和组织的社会网络。社会关系网络作为一种重要的社会资本，同经济资本一样属于有用的创业资源，它对创业机会的开发和利用过程主要有三个方面积极的影响。第一，能为创业者提供关键性资源。例如，朋友可以带来某些资源，包括传统的生产要素（资本），与天使投资人或风险投资家的关系。因此，如果能妥善利用社会资本，就可以在信息不完全、市场不完善的环境里得到资源。第二，社会关系网络的构建影响创业决策，可以提高资源利用效率。第三，社会关系网络为初创企业提供竞争优势。如果创业者具有特殊的社会关系，就更容易取得其他企业或组织的信任，增强组织绩效。社会网络有助于创业企业实现外部交易的内部化，同时节省大量的审查、谈判、监督等交易成本。创业企业拥有的企业网络关系，就是获得新资源、新市场、新产品的信息渠道。

创立新企业要求在资本有限的条件下积累大量资源，而创业者广泛的社会联系可以使他们具有广泛的资源获取途径。因此，成功的创业者应该懂得如何创造和构建有效的社会网络，从而增加企业的财富。

二、社会资源整合

（一）社会资源整合内容

1. 市场资源的整合

由于市场区分越来越细，全球各大企业开始合作构建商品和服务范围更广的联合电子市场，被称作市场间（Market to Market）电子商务市场，即各个市场横向合而为一。

初创企业在发展的过程中，依靠与企业外部上下游资源，企业外部相关企业、相关业务资源的整合，可以增强自身竞争力。在电子商务时代，这个规律仍然不变，并购的热潮及协同商务、市场间电子商务等现象的出现让我们看到了企业在整合资源、节约成本、实现利润最大化的过程中所做的探索和尝试。初创企业应该利用这种时机与优势，最大化地利用企业内外部的市场资源，弥补自身的不足，开拓更大更广泛的市场，降低成本以增强企业的竞争力。

2. 信息技术资源的整合

信息技术是大小企业之间的平衡器，有效利用信息技术资源能使初创企业充分利用后发优势，尽快缩短与行业内其他企业的差距。信息技术资源的整合包括选择和应用能使企业更强大和更具竞争力的信息技术。信息技术把小企业与大客户、潜在客户和供应商紧密地联系在一起。它可以使小企业降低费用、更好地利用固定资产、节省时间和提高员工士气。客户、供应商和员工尊敬那些有良好系统与信息技术的企业，因为这些给企业塑造了一种良好的形象。

3. 人力资源的整合

人力资源的整合是新经济时代的新理念，是在人力资源开发理论的基础上提出的新命题。人力资源的整合包括测试、评估、调整、配置等一系列手段，是对现存的、已开发的人力资源进行结构性的优化、重组，以释放其最大能量。人力资源的整合通常具有群体性，其核心是整体规划、优化配置、有序组织、合理使用。这是一项极具科学性的系统工程，它通过制度和文化的整合、结构和体制的优化与知识和经验的共享来发挥整体合力，达到既定的目标。初创企业进行人力资源的整合，应该具有新思路、新做法，从而构成一种全新的工作格局。

企业创业初期、早期及发展阶段在人力资源上有很明显的特殊性。因此，必须培训一些经理人员，使之能够胜任多项任务，如一个人可以对所有与客户有关的部门负责，而另一个人对所有与运营有关的部门负责。创业者必须利用外部的合同服务、顾问部门、兼职和退休的职员；聘用最好的员工，并给予适当的报酬和良好的培训；运用与金钱无关的激励和业绩评估、授权和进行具体的沟通；利用信息技术来有效地整合人力资源。

4. 财务资源的整合

财务资源的整合是资源整合的关键环节，财务资源的整合要理顺创业企业内部经济关系，加强内部财力资源的整合与共享。财务资源整合的目的在于既要合理合法地辨识企业中的各项财务资源，又要快速调动企业的财务资源，实现资源的整合优势和协同优势。

创业者将销售预测和费用预算与关键利润和利润率的控制结合起来，构成整个公司强大的控制系统。如女士运动服装公司的管理者知道，如果公司出售给零售商 400 万美元的产品，每一款式能得到至少 35% 的利润，而且销售费用和管理费用不超过 120 万美元，那么公司将会得到至少 20 万美元的税前利润，并且适当地控制应收账款和存货将会产生稳定的现金流。公司的主要风险包括没有足够的存货、缺乏维持价格的能力、失去主要客户或销售人员及整体经济形势的恶化。公司总裁和部门经理每月要一起核查项目预算费用和实际费用，将实际销售量和发货量与总体预测量及大客户预测数量进行比较，对每一条产品线、每个大客户和公司的毛利与预测值进行比较。对于这些过程应该实时监控，如果有必要，就应该采取相应的纠错措施。

案例分享

诸葛亮借的为什么都不用还?

诸葛亮被大家喻为智慧的化身,他一生中的很多传奇故事都跟"借"字有关:借天时、借地利、借人和、借荆州、借东风、草船借箭、借火、借雨等。

诸葛亮在古时条件有限的环境下,充分利用了自然环境与人文环境的便利,成就了大业。这也是资源整合的智能。他借的都不用还,所以他是借又不是借。反观现代企业的管理,最缺乏的恰恰就是这种"借"的智慧。

假如用一个字来替代资源整合,那就是"借"。

思考:

你认为在自己的学习或生活中,有什么地方可以参考诸葛亮"借"的智慧呢?

(二)社会资源整合途径

资源整合有多种实现方式,既可以以所属行业作为整合的主线,也可以以某一项业务流程作为整合的主线。

(1)以所属行业为整合主线。互联网让企业产生了一个有趣的冲突:是应该扩大规模,还是缩小规模?在电子商务模式中,交易量的增加并不意味着管理费用的增加,企业也许更愿意考虑开展大规模并购,以丰富自己的产品线,为现有的用户群体提供更多增值服务,更是为了并购后充分利用彼此互补的资源。

(2)以业务为整合主线。真正的资源整合,应该是同时基于竞争与合作的互动整合。协作电子商务即是企业与外部资源进行整合的一种友谊性质的探索。下面是一个以运输业务为主线进行整合的案例。

众多巨头企业将试用一种基于互联网的独特的协作商业应用来降低物流成本。具体做法是:由A公司建立一个基于互联网的协作系统,该系统汇集了协作企业的调度和送货信息。协作企业之间达成协议,将遍布全国的装卸点连成一个"巡回送货网络"。举例来说,B公司在B市有一家工厂,装满黄油的卡车从那里出发,将黄油送往E市,现在管理者从A公司获得巡回送货建议,即途中在C市为C公司装货,在D市为D公司卸货,而在驶往另一个销售点的途中可能也会装货。这样的话,整个来回卡车都是满载而行,没有死区,而且只有一辆卡车,而不是四辆。设想一下这种合作场景:一旦成员公司的需求从一辆卡车混装产品发展到共享仓库场地以减少卡车停靠,最终发展到对不同顾客只需开一次性发票,这个协作项目将变得更加吸引人,同时也变得复杂。但对资源的整合将达到一种比较理想的程度。

互动游戏

资源的重要性

一、游戏目的

探讨企业资源的重要性；探讨企业缺乏资源所造成的后果。

二、游戏程序

（1）由学生互选一人扮演老师，余下者为学生。

（2）在教室中，扮演老师者可利用室内所有的教学设施（例如：粉笔、黑板和纸张等）和采取任何形式，向学生培训其选择的内容。

（3）由一人移走所有物资，直至老师无法讲课为止。

（4）讨论：比较前后学习环境，老师和学生在当中分别遇上什么学习困难？

"一带一路"国家简介

希腊

希腊共和国，简称希腊，首都雅典，位于欧洲巴尔干半岛最南端（中东欧）。总面积131 957平方千米。中国与希腊1972年6月5日建交，2006年1月建立全面战略合作伙伴关系。

希腊是经济中等发达国家，经济基础较薄弱，工业制造业较落后，海运业与农业较发达。希腊主要矿产有铝矾土（储藏量约10亿吨）、褐煤（储藏量58亿吨）、镍、铬、镁、石棉、铜、铀、金、石油、大理石等。希腊风能和太阳能资源丰富，新能源发展潜力巨大。

目前，中国稳居希腊第三大贸易伙伴及欧盟外第一大贸易伙伴地位，希腊也在2021年成为中国在中东欧国家中第四大贸易伙伴。近年来两国在交通、能源、通信、文化、旅游等领域开展了广泛合作，成果丰硕。

第六章

创业团队的组建与管理

第一节　创业团队概述

一、创业团队的内涵

卡姆（Kamm）和纽里克（Nurick）首先对创业团队做了以下的定义：创业团队是指两个或两个以上的个人参与创业的过程并投入相同比例的资金。这一定义着重于创业团队的创建和所有权两大特性；艾斯利（Ensley）和卡茨（Katz）延伸了卡姆和纽里克对创业团队的定义，他们认为，创业团队"包含对策略选择有直接影响的个人"，也就是说董事会尤其是占有一定股权的创投业者皆包含在其定义之中。布林（Bollinger）发现高科技产业的创业团队具有下列共通性：创业团队往往是2—5人的团队组合，而非个人式的创业；创业团队创业前的经验能迅速且高度地移转至新的事业；创业团队以专业技术为取才之标准。布鲁诺（Bruno）发现美国硅谷的高科技公司，其创业团队一般有以下特质：大部分创业团队在某些重要的职能领域上严重欠缺经验，尤其以财务职能为最；对工程方面很有经验，对于营销方面的职能也具有普通或专精的经验；一般是2—4人的团队组合。

根据上述定义和分析，可以将创业团队界定为：是一个由较少的企业创始人组成的为实现某一个目标，共同创建、共同投资、分享决策权的一个紧密合作的团队。也就是说，共同投资、共同创建、分享决策权为组织创业团队的3个必要条件。一般情况下，只要符合上述3项必要条件中的其中两项即可被认定为创业团队。创业团队不是创业者简单的汇聚，创业团队的总体素质除了每个创业者单独的素质以外，还在很大程度上取决于创业团队的团队文化、团队人员结构和具体的运行情况等。

二、创业团队的组成

一般来说，小微企业规模不大，其创业团队主要由下列人员组成：业主或经理，即创业者本人；股东或合伙人；员工；企业顾问。

（一）业主或经理

在大多数小微企业中，业主就是经理，也是团队的领导。只有业主可以行使以下职责：开发创意、制定目标和行动计划；组织和调动团队成员实施行动计划；确保计划的执行，使企业达到预期的目标。

在计划开办新企业和制订企业计划时，创业者要考虑自己的经营能力，要明确哪些工作由自己去做，哪些工作应让别人去做的。如果需要一个经理分担部分工作，就要考虑他应具备的能力和经历。

（二）股东或合伙人

如果创业团队成员共同出资创办企业，即企业不止一个业主，那么，这些团队成员将以合伙人或股东的身份共享收益、共担风险。他们将共同决定彼此如何分工合作。也许一个负责销售，另一个负责采购，还有一个负责管理。

要管理好一家合伙制企业，合伙人之间的交流一定要透明和诚恳。合伙人之间意见不一致往往会导致企业失败。因此，有必要准备一份书面合作协议，明文规定各自的责任和义务。

（三）员工

如果创业团队成员全部投入企业工作，那么，创业团队成员首先是企业的员工。如果创业者本人没有时间或能力把全部工作承担下来，就需要雇人。小微企业可能只需要雇1—2个临时员工就可以了，有的企业则需要雇用更多的全时员工。

（四）企业顾问

各种咨询意见对创业团队都有意义，因为任何一个创业者不可能是所有企业方面的事务的专家。一定要认准那些对你有过帮助而且将来还可能扶持你的行业专家，包括专业协会会员、会计师、银行信贷员、律师等，邀请或聘请他们成为企业的咨询顾问。

对于创业者来说，寻找创业合作伙伴、组建创业团队是非常重要的。创业者在选择创业合作伙伴时，必须从多方面考虑自己的真正需要，充分考虑到创业的环境和自己的切身利益。一个理想的创业合作伙伴不仅是一个能为企业提供资金、技术、安全感和其他方面帮助的人，更重要的他应该是一个能让创业者信任、尊敬并同甘共苦的人，是一个能与创业者的才能、性格等方面形成互补的人。

三、创业团队的类型

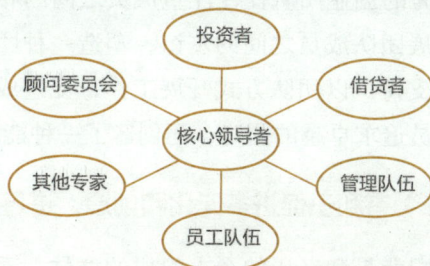

创业团队从组成结构上来看，可以分为以下两大类。

创业团队的类型

（一）"核心式"创业团队

"核心式"创业团队具有权威的核心主导，一般是有一个人想到了一个商业点子或有了一个商业机会，这个人开始组成所需要的团队。组建团队的人往往就是这个团队的领导核心，其他人力资源围绕着这个领导核心运转。"核心式"创业团队结构图如图6-1所示。

投资者　借贷者　管理队伍　员工队伍　其他专家　顾问委员会　核心领导者

图6-1 "核心式"创业团队结构图

（二）"圆桌式"创业团队

"圆桌式"创业团队也称为群体性的创业团队，其建立主要来自经验、专长和目标相近而结成的一个群体，经由群体成员彼此在一起发现商业机会，并且能充分运用团队内部分工、发挥各自专业优势，组建呈圆桌形状的、参与者都有较大发言权的团队协作关系。"圆桌式"创业团队结构图如图 6-2 所示。例如雅虎的杨致远和同学大卫·费罗就是基于一些互动激发出了创业点子，然后合伙创业的。

图 6-2 "圆桌式"创业团队结构图

四、组建创业团队的意义

在创业过程中，组建创业团队有以下几点意义。

（一）有利于提高创业绩效

团队的作用在于把工作上相互联系、相互依存的人们组成一个群体，以便能够以更加有效的合作方式达成团队的目标。创业团队对所要达到的目标清楚地了解，并坚信这一目标包含重大意义和价值。这种对目标的认知将激励着团队成员把个人目标升华到企业目标中去。在高绩效的团队中，成员清楚组织希望他们做什么工作，及他们该怎样共同工作来完成任务。

（二）有利于塑造一种团队合作的氛围，提升参与者士气

优秀的创业团队往往注重成员之间的相互配合，提升参与者的士气，通过彼此之间的合作来发展团队成员之间的友谊，塑造一种团队合作的氛围。团队成员希望也要求相互之间的帮助与支持，以团队方式开展工作，促进成员之间的合作并提升员工的士气。团队规范在鼓励其成员追求卓越的同时，还创造了一种能增加工作满意度的团队氛围。

（三）有利于促进多元化和创意，进行战略性思考

不同背景和经历的个人组成的群体，看问题的广度比单一性质的群体要大。同样，由风格各异的个体组成的团队所做的决策，往往比单个个体所做的决策更具创意。通过团队的组建和管理，可以减少浪费，减轻官僚主义作风，提高工作效率。

（四）有利于找到或培养必要的技术与人才

创业企业是否掌握创业需要的"核心技术"或"根部技术"，是否拥有技术的所有权，决定着创业的成本及初创企业能否在市场中取得成功。尤其对依托高科技创业的企业而言更是如此。创业不仅需要持续的技术支持，还需要拥有出色的创业团队，创业投资者真正看中的往往是创业所依赖的技术的潜能及出色的创业团队。优秀的创业团队需要的三方面优秀人才如图 6-3 所示。

图 6-3　创业团队需要的三方面优秀人才

（五）有利于吸引风险投资，扩大企业规模

创业团队对创业成功的重要作用已得到风险投资家的广泛认同。一个喜欢独立奋斗的创业者固然可以创业，然而一个团队的营造者却能够创建出一个可以创造重要价值并有收益选择权的公司。没有团队的初创企业也许不一定会失败，但要创建一个没有团队仍具有高成长潜力的企业却极其困难。

第二节　组建创业团队的原则和内容

一、组建创业团队的原则

组建一个优秀的创业团队对一个企业来说至关重要。创业团队虽小但应该"五脏俱全"，在团队的组建过程中，并不一定是有共同兴趣爱好的人在一起就可以组建一支好的创业团队。一支优秀创业团队的组建应遵循以下原则。

（一）志同道合原则

志同道合原则是创业团队组建的前提，即团队成员应该是在理念、价值观等方面要高度相似，这也是团队做大的基础。如果大家的志向不同，早晚会分道扬镳。一个团队的成员只能同甘，不能共苦，一定不利于企业的发展。

（二）互补原则

互补原则是在志同道合原则的基础上创业者应遵循的另一条原则。虽然同有相似教育背景、经济状况的人一起工作会感到身心愉快，却不能为企业提供丰富的人力资源基础。

首先，在技能、经历、经验等方面要体现互补，要有差异性，这样才有助于创新，才能做到资源整合。其次，应注意个人的性格与看问题的角度的互补，团队里必须有总能提出建设性意见和不断地发现团队问题的成员。

创业者在组建团队时要认识到"主内"与"主外"的不同人才、耐心的"总管"和具有战略眼光的"领袖"、顾及技术和市场两方面的人才。每个人都提供他人没有或少有的独特技能、经验。这样，公司才会非常顺利且有效地运转。创业者要意识到在一个团队中存在太多喜欢说好话的成员将不利于企业的发展。

（三）激情和踏实共存原则

作为创业企业的核心领导者，应关注团队成员对创业项目是否有热情，同时是否踏实肯干。在此基础上，备选成员如果在本地市场是专家那么更应该是团队选择的对象。

企业的发展离不开企业员工脚踏实地的努力，而衡量一个企业主要看它发展的结果。创业团队一定要选择对项目有高度热情的人，不管专业水平如何，如果对事业的信心不足，他也将无法适应创业的需求。而这种消极因素，对创业团队所有成员产生的负面影响可能是致命的。创业初期，整个团队成员可能需要长时间不停地工作，并要求在高负荷的压力下仍能保持创业的激情。

（四）团队原则

团队原则是企业具有凝聚力的基础。企业的成功是团队共同努力的结果。成员需要同甘共苦。团队不应该存在个人英雄主义，每一位成员的价值表现为其对于团队整体价值的贡献；每一位成员都应将团队利益置于个人利益之上，个人必须愿意牺牲短期利益来换取长期的成功果实；团队成员间建立有效的沟通渠道，这样的团队才有望成功。

（五）规矩原则

俗话说："没有规矩，不成方圆。"作为一个创业团队在创业初期就应定好自己的规矩。其中包括团队成员的义务和责任、股权的配置、利益的分配。如企业的增资、扩股、融资、撤资、人事安排及解散等。只有先定好比较明确的规矩，才能防止企业壮大后成员之间产生矛盾。

虽然了解了这些规则，但究竟如何来组建团队，创业团队中应该有哪些成员呢？青年学生创办企业的类型一般都属于小微企业，他们也更偏爱选择团队创业。为了使企业顺利运转，必须合理地安排团队成员，在选择成员前也要清楚地知道企业有哪些工作要做。

二、组建创业团队的内容

（一）团队成员的选择

在小微企业中，一个创业团队中应该有这些成员：业主或经理、股东或合伙人、员工、企业顾问。

业主或经理是企业的核心人物，通常既是老板又是员工，清楚地知道自己需要在企业中做什么。

股东或合伙人与业主或经理共享收益、共担风险。股东或合伙人间应该准备合伙协议明确各自的责任和义务，讲好股权配置、利益分配等内容。多个合伙人之间要志同道合、方向明确。

在招聘员工前就应花时间搞清楚企业的用人需求、岗位需要什么样的经验和教育背景、岗位上需要有哪些技能、需要会使用什么样的设备、需要具备什么样的资格等。可以利用个人和行业关系网、各大院校就业指导办公室、信息服务社、出版物、网络等渠道发布用人信息。

在一个企业中，各种咨询可能都有意义。在寻找企业顾问时，可以考虑从一些企业、贸易和教育机构那里获得帮助、信息、咨询意见和培训。当然从谨慎的角度讲，在企业聘请顾问前，一定要注意验证他们的资质，以免上当受骗。

（二）设计团队的组织结构

组织结构是组织的全体成员为实现组织目标，在管理工作中进行分工协作，在职务范围、责任、权力方面所形成的结构体系。创业初期的团队成员不会太多，组织结构相对简单，设计组织结构时应注意三个问题：企业内部部门和岗位设置、部门和岗位之间的关系、各岗位的职责。

1. 常见小微企业的组织结构

小微企业一般由于人员较少，工作关系单纯，组织结构相对简单，过于复杂的组织结构不但不实用，反而会给企业运营增加成本，带来麻烦。

小微企业最常见的组织结构是直线职能式组织结构，也就是把企业的人员按照工作责任分成若干部门，并且每个部门设立一个领导职务，然后明确各部门之间的关系。这种组织结构使企业内部从上到下实行垂直领导，下属部门只接受一个上级的领导，部门领导对所属部门的一切问题负责，如图6-4所示。

图6-4　直线职能式组织结构图

2. 设计企业组织结构

可以按照以下步骤设计企业组织结构。

步骤一：弄清企业内部有哪些工作职能，应该划分成哪些部门，设置哪些岗位。

步骤二：明确各个工作部门和岗位之间的关系，是从属关系还是并列关系，并考虑并列关系的部门和岗位之间如何进行协调与配合。

步骤三：明确各部门和岗位的工作职责和内容。

步骤四：考虑各部门和岗位应该设置哪些人员，设置多少。

良好的组织结构可以帮助企业在人员有限的情况下使团队有更高的执行力和战斗力。从图 6-5 所示某公司的组织结构图中，可以清楚地体会到，小微企业中往往会出现一人多职的情况。

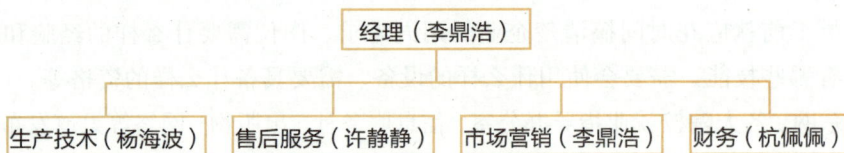

图 6-5　某公司组织结构

第三节　创业团队的管理原则

创业初期，团队成员往往充满激情，创业伙伴往往也是多年的好友，彼此也会承诺一起无怨无悔地付出。但是随着时间的流逝、企业的成长，一些问题就会浮出水面。为了管理好创业团队，应遵循以下原则。

创业团队的
管理原则

一、共同成功原则

马斯洛的需求层次理论指出，人的最高层次的需求为"自我实现需求"。因此，企业和创业者成功的同时，一定不要忽略员工的成功。因为只有员工的成功才能创造出企业的成功，员工的长期成功与企业的长久成功相互依存。如果没有员工在工作中的出色表现，企业也就不会有上好的表现。企业的任何成功都是由员工工作中的点滴成功积累起来的，并不是一蹴而就的。企业与员工一起成功，不只是给员工带来经济上的利益，更重要的是为员工搭建在企业有限资源条件下的个人成长平台。对于一些能人，创业者可能暂时付不起很高的工资，但一定不要把他们当成打工者，而是要建立一种与人分享的分配机制，把能干的人变成企业的中坚力量，这才是企业成长的根本。只有着眼于企业长久发展的创业者，才有可能与员工一起成功。

二、信任与监督并行原则

创业团队中应有比较权威的核心领导者，在大家意见产生分歧时，由核心领导者来仲裁。能担此重任的人应该受到团队成员的普遍信任，要有宽广的胸怀和高尚的品质，有素养和能力来指挥团队成员，要有较强的沟通能力。能够协调成员间的矛盾，激励团队成员，使团队的整体水平不断提高，适应企业的不断发展。

团队成员有强烈的责任心的同时需要互相信任。一个团队中，成员间的盲目信任和互不信任都无益于企业的发展。因此在团队运行过程中，不仅要培养成员间的信任感，还同时要有完善的监督机制。

三、文化建设原则

整个创业团队要有自己的创业思路，经营目标、经营理念、经营方式要取得一致，团队中不能无章可循。在创业初期不能忘记"先小人后君子""亲兄弟明算账"的古训，认真执行团队组建时制订的规章制度。

同时还要打造学习型创业团队，建立良好的学习氛围。这种学习包括团队内部成员的相互学习和对外界知识的学习。

四、角色分配原则

在创业的过程中，团队的核心领导者应了解自己和员工的动机与价值观和性格特点，把不同动机与价值观、不同性格的人员安排在不同岗位。一个高效团队的岗位安排应考虑到成员的定位，在团队内部一般有九种角色定位。

（一）创造者

创造者产生创新思想。一般来说此种角色要求富有想象力，善于提出新观点或新概念，独立性较强，喜欢自己安排工作时间，按照自己的方式和节奏进行工作。

（二）倡导者

倡导者拥有所产生的新思想。他们愿意接受、支持新观念。在创造者提出新建议后，他们擅长利用这些新创意，并找到资源支持新创意。

（三）开发者

开发者分析决策方案。他们有很强的分析技能。

（四）组织者

组织者提供结构。他们会设定目标，制订计划，组织人力，建立起种种制度，以保证按时完成任务。

（五）生产者

生产者提供指导并坚持到底。他们坚持按时完成任务，保证所有的承诺都能兑现。

（六）核查者

检查者检查具体细节。他们善于核查细节，并保证避免出现任何差错。

（七）支持者

支持者处理外部冲突和矛盾。他们在支持团队内部成员的同时会积极地保护团队不受外来者的侵害，他们能够增强团队的稳定性。

（八）建议者

建议者寻求全面的信息。他们鼓励团队做决定之前充分搜集信息，而不是匆忙决策，并在过程中起着非常重要的作用。

（九）联络者

联络者倾向于了解所有人的看法。他们是协调者、调查研究者，不喜欢走极端，而是尽力在所有团队成员之间建立起合作关系。

因此，管理者必须要进行个人定位分析。将人格特质、个人偏好和角色要求适当匹配，打造一辆高效运转的"团队战车"。

在企业的管理过程中除在大方向上遵循以上法则外，还应把岗位职责制成岗位说明书。岗位说明书规定某一特定领域里要做的工作、这样做有什么好处、每一位创业成员应如何进行角色分工。这样做有如下好处：员工将确切知道企业需要他们做什么样的工作，同时员工的工作绩效可以用此来衡量。另外，岗位说明书中应该包括岗位名称、该岗位工作说明（即这个岗位所从事的具体工作）、该岗位的上下级、该岗位员工所应具备的素质和技能。

🔗 互动游戏

固若金汤

一、游戏目的

通过游戏使学生了解团队成员相互支持的重要性。

二、游戏程序

（1）概念与活动说明。通过游戏的过程使学生理解传统文化向团队文化转变的方向，等级文化向平等文化迈进；分裂状态转变为结合状态；独立状态转变为互为依靠状态等。

（2）带领学生到预定场地。

（3）视学生人数情况、场地情况将学生分为10—20人一组。

（4）以小组为单位，小组成员手拉手形成一个转动的圆圈，同时所有成员身体后仰，并静止1—3分钟。

（5）小组成员报数，各自记住自己的号码，奇数成员身体后仰，偶数成员身体前倾，并静止几分钟。

（6）小组成员前后站立形成一个圆圈，后面的队员将手搭在前面成员的肩上，连成一个整体，成员在老师发出指令后起步走，使小组成员越走越紧密，接近一个圆为止。

（7）老师发出新的指令，奇数成员将右腿稍迈向前方的形式下蹲，偶数成员坐在奇数成员的大腿上，并保持数分钟。坚持到最后者为胜方。

（8）学生对活动的过程谈谈感触，进行心得分享。

（9）讨论：团队的先进文化有哪些？作为团队成员要有哪些团队协作的精神？

三、游戏规则

（1）同一组的成员手拉手围成一个圈并且顺时针方向转动。

（2）转动时基本形成一个圆圈后，静止，所有成员身体后仰（1—3分钟）。

（3）小组成员报数，各自记住自己的号码，奇数成员后仰，偶数成员身体前倾（静止1—3分钟）。

（4）后面的队员将手搭在前面成员的肩上，连成一个整体，成员在老师发出指令后起步走，使小组成员越走越紧密，接近一个圆为止。

（5）成员将右腿稍迈向前方的形式下蹲，前面成员坐在后面成员的大腿上，并保持数分钟，坚持到最后者为胜方。

四、游戏准备

了解场地情况；想象活动中有可能出现的关于团队文化的特殊事件。

五、注意事项

注意学生的安全。

"一带一路"国家简介

阿联酋

阿拉伯联合酋长国，简称阿联酋，位于阿拉伯半岛东部，东与阿曼毗邻，西北与卡塔尔接壤，南部和西南与沙特阿拉伯交界，北临波斯湾，与伊朗隔海相望，总面积83 600平方千米，首都阿布扎比。

阿联酋最重要的资源是石油和天然气，其中超过95%位于阿布扎比。已探明的石油储量为 1 070 亿桶，已探明的天然气储藏量为 7.73 万亿立方米，均位居世界第六。其他矿产资源还有：硫黄、镁、石灰岩等。

　　中国和阿联酋全面战略伙伴关系涵盖范围广泛，双方已将合作扩大至可再生能源、物流、基础设施、生命科学以及人工智能等新一代信息技术。阿联酋是中国在中东和北非地区最大的非石油贸易伙伴。阿联酋与中国的贸易额已超过 500 亿美元，并力争在 2030 年将双边贸易额扩大到 2 000 亿美元。

第七章

创办新企业

第一节　企业组织形式与选址

一、企业组织形式

企业组织形式与选址

根据《中华人民共和国个人独资企业法》《中华人民共和国合伙企业法》《中华人民共和国公司法》，一家初创企业可以选择的组织形式有多种，主要有：个人独资企业、合伙企业、公司制企业。其中，公司制企业是按所有权和管理权分离，出资者按出资额对公司承担有限责任创办的企业，主要包括有限责任公司和股份有限公司。

（一）个人独资企业

个人独资企业是指依法在中国境内设立，由一个自然人投资，财产为投资者个人所有，投资者以其个人财产对企业债务承担无限责任的经济实体。个人独资企业具有以下特征。

（1）投资主体只能是一个人。

（2）所有权与经营权合二为一。企业的全部资产属于投资者个人所有。因此在经营上由自己决策，不受他人制约。业主既是投资者，又是经营管理者。利润分配上，全部利润归自己所有。

（3）承担责任的无限性。以个人财产出资的，以其个人资产对企业债务承担无限责任。意思是如果企业负债经营，并且经营不善亏损了，以企业所有的资产抵债后，还有债务无法清偿（资不抵债），则个人独资企业的投资人要以其个人的全部财产对该企业债务承担责任，而不仅限于出资额。以家庭财产出资的，则以家庭财产承担无限责任。因此相应的风险也比较大。

（二）合伙企业

合伙企业是指自然人、法人和其他组织依照法律在中国境内设立的、由合伙人订立合伙协议，并依据合伙协议共同出资、共担风险、共享收益，对合伙企业债务依法承担责任的经营性组织，包括普通合伙企业和有限合伙企业。

普通合伙企业由普通合伙人组成，合伙人对合伙企业债务承担无限连带责任。国有独资公司、国有企业、上市公司及公益性事业单位、社会团体不得成为普通合伙人。

有限合伙企业由普通合伙人和有限合伙人组成，普通合伙人对合伙企业债务承担无限责任或无限连带责任，有限合伙人以其认缴的出资额为限对合伙企业债务承担责任。所谓无限连带责任就是如果企业负债，资不抵债，则合伙企业的普通合伙人要以其个人的全部财产对该企业债务承担责任。当普通合伙人有两人以上时，其中，有限合伙人无力承担债务，则其他人应以其个人全部财产承担全部债务后，再向对方追讨。有限合伙人的有限责任则是如果企业负债经营，并且经营不善亏损了，资不抵债，对无法清偿的这部分债务有限合伙人就不再承担责任了。也就是说这时候有限合伙人除了收不回出资的本金外，资不抵债部分的债务就一笔勾销了，无须再拿个人财产偿还，因此是有限责任。

有限责任对投资人来说风险相对小一些，并具有以下特征。

（1）以合伙协议为合伙企业成立的法律基础。合伙人应形成共同的合伙意向并就合伙企业的名称和主要经营场所的地点、合伙经营范围、合伙人的出资方式、数额和缴付期限等达成一致意见，合伙企业才能成立。

（2）各合伙人按照协议分配利润，对合伙企业债务依法承担责任。

（3）合伙人之间利害相关，共同出资、共担风险、共享收益。合伙人被捆绑在一起，休戚与共，特别是普通合伙人之间，对合伙债务负无限连带责任，这种责任使普通合伙人形成利益共同体，相应的风险也就比较大。

（三）有限责任公司

有限责任公司是指由两个以上的股东共同出资，股东以其认缴的出资额对公司债务承担有限责任，公司以其全部资产对其债务承担全部责任。有限责任公司的主要法律特征如下。

1.股东人数限制性

需要由 50 个以下的股东组成，可以是自然人，也可以是法人。一个自然人或一个法人也可以投资办一人有限公司。

2.责任有限性股东以其认缴的出资额为限对公司承担责任

一人有限责任公司是指只有一个自然人股东或一个法人股东的有限责任公司。一人有限责任公司具有以下特征。

（1）公司仅有一个股东，且该唯一股东持有公司的全部出资额或股份。

（2）一人有限责任公司的股东对公司的债务原则上承担有限责任，只要股东能将自己的财产和公司的财产分开，法律即可承认一人公司的独立地位。这是与个人独资企业的本质区别。

（3）内部结构相对简单化。一人有限责任公司不设股东会，股东、董事、经理身份往往重合。

（4）只能是有限责任公司。《中华人民共和国公司法》只承认一人有限责任公司，即只有一个自然人股东或一个法人股东的有限责任公司。

（四）股份有限公司

股份有限公司是指公司资本为股份所组成的公司，股东以其认购的股份为限对公司承担责任的企业法人。《中华人民共和国公司法》规定，设立股份有限公司，应当有 2 人以上 200 人以下为发起人，注册资本的最低限额为人民币 1 000 万元。因股份有限公司设立程序复杂，对注册资本要求高，一般不适合创业者选择。

二、企业选址调研

一般来说，选择创业地点要考虑两方面的因素：一是要有利于创业活动的开展，促进企业各方面业务的开展；二是要控制购买或租赁的费用。

这两方面是相互矛盾和冲突的。好的经营地点，业务开展相对就会好一点，价格自然高，这是市场竞争的结果。对于开始创业的青年学生来说，要考虑自己的承受能力，量力而行；要对自己的创业项目进行分析，寻找矛盾中的平衡点。既要降低成本，又不能对业务产生太大的影响。

（一）依据项目需求

有些项目，如时装店，只能在繁华闹市开办，大客流量、高营业额足以支付高额的租金，如果放在郊区，租金虽然便宜，却不会有人光顾。对于一些青年学生创办的企业来说，放在市中心或放在郊区，虽然也会有差异，但对其业务和经营的影响不会太大，还是要综合考虑。

（二）依据成市、成行效应

一家企业地处偏远，可能就没有市场，但是如果有几十家某一类或某一行业的企业都在一起，那么就可能人为造就一个市场。这是根据顾客货比三家的心理特点而形成的。各地城市的偏远地区常有某某一条街、某某市场等，每年的经营销售额数以亿计，就是基于这样的道理。但需要提醒的是，对于一些偏远的地区，如果只有一家独家经营的企业生意很好，这种时候要去划分市场就需要谨慎。

（三）依据兼容、共享效应

有些行业或企业是具有兼容性的，双方都可以分享对方的顾客，从而做到相互依存、相互帮助、共享资源、共同发展、合则两利、离则两害。如全国各大城市的大型购物商场，就有许多服装店、餐饮店、电影院等。

（四）依据行业需求

如便利商店、粮油食品店、医药店、果蔬商店、洗衣房等离不开居民区；快餐店、旅馆、特产商品店、物品寄存点等要在车站附近；书店、文具用品店、鲜花店等需要靠近文教区。

（五）依据生成需求

制造业选择位置时，考虑的因素不同于服务业，其生产地点的选择不是根据客流量或生活方式，而是从生产出发，把原材料供应、水电供应和运输条件当作关键因素。高科技产业由于生产和开发产品的高精度，往往更注重研发环境、试验设施、加工技术设施环境等。

（六）依据客流量

服务性企业、零售店等，应设在离顾客比较近的地方，而且客流量比较大，零售业甚至被称为"选址决定命运的产业"。

尽管在选择经营场地时，不同行业的考虑重点不尽相同，但是有两项因素是绝对不可忽略的，即租金给付的能力和租约的条件。对于那些流通迅速、体积小而又不占空间的行业，如精品店、高级时装店、餐厅等，可以选择高租金区；而家具店、旧货店等，因为需要较大的空间，最好设置在低租金区。

第二节　企业注册流程

一、企业名称设计

企业注册流程

新创企业正式成立之前，必须进行企业名称设计，这是初创企业注册流程的第一步。

企业名称是该类产品或服务企业的专有名称，是一个企业区别于其他企业或组织的特定标志，俗称公司牌子。显然，公司牌子是企业的无形资产，是可以世代相传的宝贵财富。拥有一个响亮的企业名称，是让企业先声夺人的前提条件，也有利于提升公司的知名度与竞争力。

企业名称核准在国家工商行政管理局和地方各级工商行政管理局办理，创业者既可委托代理公司办理，也可自行办理。根据创办企业的不同，需要准备的材料和流程有所不同，需要注意区分。

《企业名称登记管理规定》明确规定：企业名称不得含有国际组织名称，国家（地区）名称，政党、宗教名称，国家机关、政党机关、军队机关、事业单位、社会团体名称，军队番号或代号。企业名称应当使用符合国家规范的汉字，民族自治地区的企业名称可以同时使用本地区通用的民族文字。企业名称不得含有外国文字、汉语拼音字母、数字（不含汉字数字）。企业名称不得含有违反公平竞争原则、可能对公众造成误认、可能损害他人的利益的内容等。

二、项目前置和后置许可

项目前置许可是指依据行政审批制度改革精神，由各级人民政府公布保留的在办理营业执照之前需要进行专项审批的项目，不同项目的审批机关有所不同，审批完后才可办理工商营业执照。如设立药品生产、经营企业，或生产、经营二、三类医疗器械，需市药品监督管理局审批；血液制品的生产、经营需要卫健委或市级卫生局审批。

项目后置许可是指对于应当予以前置审批的商事登记，为了提高商事登记的效率，促进商事活动的迅速开展，采取先行商事登记而后进行理应前置审批的审查，它代表了前置审批制度改革的方向。

三、具体注册流程

创业项目的企业法律形态选择好后，应按现行法律规定完成企业工商注册。根据企业法律形态不同，其注册流程不同。以常见的有限责任公司为例，其主要流程为：①注册公司名称预先核准；②向公司登记机关提交资料（包括设立登记申请书、公司章程、验资证明、资格证明、身份证明、企业名称预先核准通知书、公司住所证明等）；③到工商局办理领取营业执照（五证合一）；④到注册地管辖的公安局指定刻章点刻公章、财务章、法定代表人章；⑤办理银行基本账户；⑥记账报税；⑦缴纳社保；⑧申请税控及发票；⑨企业年报。

根据现行法律法规，普通公司的注册资本是认缴制，不再需验资报告。但认缴制不是不缴，是可以在一定期限缴纳，若一定期限内仍未足额缴纳，在商业活动中可能面临纠纷和责任；同时，特殊行业的项目注册公司时仍有注册资本的限制。

第三节　企业法律形式的种类

创业者在创建和经营企业的过程中，必须了解和遵守有关法律法规，以确保自身和他人利益没有受到非法侵害。与创业有关的法律主要包括《中华人民共和国专利法》《中华人民共和国商标法》《中华人民共和国著作权法》《中华人民共和国反不正当竞争法》《中华人民共和国合同法》《中华人民共和国产品质量法》《中华人民共和国劳动法》等。创业企业应当关注的一些基本法律问题，见表7-1。

企业法律形式的种类

表7-1　创业企业不同阶段的基本法律问题

创建阶段的法律问题	经营现行业务中的法律问题
确定企业的法律形式	人力资源管理（劳动）法规
设立税收记录	安全法规
进行租赁和融资谈判	质量法规、环保法规
起草合同	财务和会计法规
申请专利、商标和版权保护	市场竞争法规

知识产权是人们对自己通过智力活动创造的成果所依法享有的权利。知识产权包括专利、商标、版权等，是企业的重要资产，知识产权可通过许可证经营或出售，带来许可证经营收入。知识经济时代，知识资产已经成为企业中最具价值的资产，现如今几乎所有的企业（包括初

创企业）都拥有一些对其成功至关重要的知识、信息和创意。创业者或创业团队为了有效保护自己的知识产权，也为了避免无意中对他人知识产权的侵犯，了解知识产权及其相关法律法规十分必要，见表7-2。

表7-2　中型创业企业各部门中典型的知识产权

部门	典型的知识产权形式	常用的保护方法
营销部门	名称、标语、标识、广告语、广告、手册、非正式出版物、未完成的广告拷贝、客户名单、潜在客户名单及类似信息	商标、版权和商业秘密
管理部门	招聘手册、员工手册、招聘人员在选择和聘用候选人时使用的表格和清单、书面的培训材料和企业的时事通信	版权和商业秘密
财务部门	各类描述企业财务绩效的合同、幻灯片、解释企业如何管理财务的书面报告、员工薪酬记录	版权和商业秘密
管理信息系统部门	网站设计、互联网域名、公司特有的计算机设备和软件的培训手册、计算机源代码、电子邮件名单	版权、商业秘密和注册互联网域名
研究开发部门	新的和有用的发明及商业流程、现有发明和流程的改进、记录发明日期和不同项目进展计划的实验室备忘录	专利和商业秘密

一、专利与专利法

"专利"一词一般理解为专利权。国家颁发专利证书授予专利权的专利权人，在法律规定的期限内，对制造、使用、销售（有些国家还包括进口该项专利发明或设计）享有专有权（又称垄断权或独占权）。其他人必须经过专利权人同意才能从事上述行为，否则即为侵权。专利期限届满后，专利权法律效力即行消灭，任何人皆可无偿地使用该项发明或设计。

专利法是确认发明人（或其权利继受人）对其发明享有专利权，规定专利权人的权利和义务的法律规范的总称。

1980年1月，我国政府正式筹建专利制度，后又成立了中国专利局。1984年3月12日第六届全国人大常委会第四次会议通过并颁布了《中华人民共和国专利法》；2001年6月15日国务院颁布了《中华人民共和国专利法实施细则》。《中华人民共和国专利法》于1992年9月4日进行第一次修正，2000年8月25日进行第二次修正，2008年12月27日进行第三次修正，2020年10月17日进行第四次修正，自2021年6月1日起施行。

二、商标与商标法

商标是指在商品或服务项目上所使用的，由文字、图形、字母、数字、三维标志和颜色组合，及上述要素的组合构成的显著标志，是用以识别该商品或服务的原产地、原料、制造方法、质量或其他特定品质的标志。

商标法是确认商标专用权，规定商标注册、使用、转让、保护和管理的法律规范的总称。它的作用主要是加强商标管理，保护商标专用权，促进商品的生产者和经营者保证商品与服务的质量，维护商标的信誉，以保证消费者的利益，促进社会主义市场经济的发展。

商标是企业在价值上可以量化的重要的无形资产，可以为企业带来巨大收益。商标只有经过注册，才会受到法律保护，才能取得商标专用权，否则企业的这部分无形资产就会大量流失或严重缩水。商标不仅是消费者选择产品或服务的依据，而且是企业参与市场竞争的主要载体。好的企业不仅需要好的产品和服务，更需要好的商标。

1982 年 8 月 23 日，我国颁布了《中华人民共和国商标法》，并于 1993 年 2 月 22 日进行第一次修正；2001 年 10 月 27 日进行第二次修正；2013 年 8 月 30 日进行第三次修正；2019 年 4 月 23 日进行第四次修正。

三、著作权与著作权法

著作权也称版权。著作权包括下列 17 项人身权和财产权：发表权、署名权、修改权、保护作品完整权、复制权、发行权、出租权、展览权、表演权、放映权、广播权、信息网络传播权、摄制权、改编权、翻译权、汇编权及应当由著作权人享有的其他权利。

著作权法是指保护文学、艺术和科学作品作者的著作权及与著作权有关的权益。按照法律规定，中国公民、法人或其他组织的作品，不论是否发表，均享有著作权。具体包括以下形式创作的文学、艺术和自然科学、社会科学、工程技术等作品：①文字作品；②口述作品；③音乐、戏剧、曲艺、舞蹈、杂技艺术作品；④美术、建筑作品；⑤摄影作品；⑥电影作品和以类似摄制电影的方法创作的作品；⑦工程设计图、产品设计图、地图、示意图等图形作品和模型作品；⑧计算机软件和法律、行政法规规定的其他作品。

我国实行对作品自动保护原则和自愿登记原则，即作品一旦产生作者便享有版权，登记与否都受法律保护；自愿登记后可起到证据作用。署名权、修改权、保护作品完整权的保护期不受限制，发表权保护期为作者终生及其死亡后 50 年。使用他人作品应当同著作权人订立许可使用合同或转让合同。

1990 年 9 月 7 日，第七届全国人大常委会第十五次会议颁布了《中华人民共和国著作权法》；2001 年 10 月 27 日进行第一次修正；2010 年 2 月 26 日进行第二次修正；2020 年 11 月 11 日进行第三次修正。

除了与知识产权相关的法律外，还有反不正当竞争法、合同法、产品质量法、劳动法等法律法规也是创业者及其初创企业必须学习和了解的。限于篇幅，本书侧重讨论反不正当竞争法。

四、反不正当竞争法

反不正当竞争法是调整在制止不正当竞争过程中发生的社会关系的法律规范的总称。

1993 年 9 月 2 日第八届人大常委会第三次会议通过了《中华人民共和国反不正当竞争法》，

2017 年 11 月 4 日，第十二届全国人大常委会第三十次会议修订，根据 2019 年 4 月 23 日第十三届全国人大常委会第十次会议《关于修改〈中华人民共和国建筑法〉第八部法律的规定》修正。立法是为了保障社会主义市场经济健康发展，鼓励和保护正当竞争，制止不正当竞争，保护经营者和消费者的合法权益。创业者除了力戒不正当竞争行为外，更应当在创业过程中注重应用本法维护企业的合法权益。

（一）反不正当竞争法的基本原则

（1）自愿原则，当事人按自己的意愿设立、变更或终止商业关系，不得强买强卖。

（2）平等原则，参加交易的主体法律地位平等。

（3）公平原则，参加市场竞争主体按规则行事，不得非法获取竞争优势。

（4）诚实信用原则，善意、诚实、恪守信用、不得欺诈。

（5）遵守公认的商业道德原则。

（6）不滥用竞争权利原则。

（二）不正当竞争行为的界定

不正当竞争是指经营者违反本法规定，损害其他经营者的合法权益，扰乱社会经济秩序的行为。就企业而言，法律规定以下为不正当竞争行为。

（1）擅自使用知名商品特有的名称、包装、装潢，或者使用与知名商品近似的名称、包装、装潢，造成和他人的知名商品相混淆，使购买者误认为是该知名商品。

（2）擅自使用他人的企业名称或姓名，引人误认为是他人的商品。

（3）在商品上伪造或冒用认证标志、名优标志等质量标志，伪造产地，对商品质量作引人误解的虚假表示。

（4）不得采用财物或其他手段进行贿赂以销售或购买商品。

（5）不得利用广告或其他方法，对商品的质量、制作成分、性能、用途、生产者、有效期限、产地等做引人误解的虚假宣传。

（6）不得采用下列手段侵犯商业秘密：以盗窃、利诱、胁迫或其他不正当手段获取权利人的商业秘密；披露、使用或允许他人使用以盗窃、利诱、胁迫或其他不正当手段获取的权利人的商业秘密；违反约定或违反权利人有关保守商业秘密的要求，披露、使用或允许他人使用其所掌握的商业秘密。

（7）经营者销售商品，不得违背购买者的意愿搭售商品或附加其他不合理的条件。

（8）不得从事下列有奖销售：采用谎称有奖或故意让内定人员中奖的欺骗方式进行有奖销售；利用有奖销售的手段推销质次价高的商品；抽奖式的有奖销售，最高奖的金额超过 50 000 元。

（9）不得捏造、散布虚伪事实，损害竞争对手的商业信誉、商品声誉。

（三）法律责任

经营者违反本法规定，给被侵害的经营者造成损害的，应当承担损害赔偿责任，被侵害的经营者的损失难以计算的，赔偿额为侵权人在侵权期间因侵权所获得的利润；并应当承担被侵害的经营者因调查该经营者侵害其合法权益的不正当竞争行为所支付的合理费用。

被侵害的经营者的合法权益受到不正当竞争行为损害的，可以向人民法院提起诉讼。

经营者违反规定从事不正当竞争，受到行政处罚的，由监督检查部门记入信用记录，并依照有关法律、行政法规的规定予以公示。

经营者违反规定，应当承担民事责任、行政责任和刑事责任，其财产不足以支付的，优先用于承担民事责任。构成犯罪的，依法追究刑事责任。

🔗 互动游戏

一、游戏目的

了解公司的不同的角色的情境，认识管理中要素。

二、游戏程序

（1）三名学生扮演工人一起被蒙住双眼，带到一个陌生的地方。

（2）有两名学生扮演经理。

（3）一名学生扮演总裁。

三、游戏规则

工人可以讲话，但什么也看不见；经理可以看，可以行动，但不能讲话；总裁能看，能讲话，也能指挥行动，但却被许多无关紧要的琐事缠住，无法脱身（他要在规定时间内做许多与目标不相关的事），所有的角色需要共同努力，才能完成游戏的最终目标——把工人转移到安全的地方上去。

四、游戏准备

不同角色的说明书以及任务说明书。

五、注意事项

任务说明书可以由老师根据情况设计，关键是游戏中总经理要有许多琐事缠身。

通过游戏可以看出，企业上下级的沟通是重要的！游戏完全根据企业现实状况而设计，总裁并不能指挥一切，他只能通过经理来实现企业正常运转；经理的作用更是重要，他要上传下达；而工人最需要的是理解和沟通。当然，这些还只是企业管理中的一部分，作为新创企业，自身往往还比较脆弱，还有其他更多的管理方面需要注意，以保护创业的成果。

📖 "一带一路"国家简介

蒙古国

蒙古国，简称蒙古，是一个地处亚洲（东亚）的内陆国家，国土面积为 156.65 万平方千米，是世界上国土面积第 19 大的国家。2014 年，习近平主席对蒙古国进行国事访问，双方决定将中蒙战略伙伴关系提升为中蒙全面战略伙伴关系。

蒙古国有着丰富的矿产资源，如铁、铜、钼、煤、锌、金、铅、钨、石油、油页岩等；植被由北部西伯利亚针叶林和南部的中亚草原、荒漠组成。主要产业包括矿业、农牧业、交通运输业、服务业等。出口主要为矿产品、纺织品和畜产品等；进口主要有矿产品、机器设备、食品等。

截至 2021 年，中国已连续 18 年成为蒙古国第一大投资来源国和贸易伙伴国。中蒙贸易总额占蒙古国对外贸易总额的 60% 以上。

第八章

初创企业的成长与风险管理

第一节　初创企业成长管理

创业初期管理是新企业遇到的第一个挑战，十分关键，创业者此时也会面临极大的风险。新企业的运作是一个从无到有的展开过程，包括开始建立相应的内部流程到获得外界认可，任何环节出问题都会带来难以估计的麻烦，因而有比既有企业更高的失败率。

扫一扫 学一学

一、初创企业管理的特殊性

初创企业成立初期易遭遇资金不足、制度不完善、因人设岗等问题。因此，初创企业成立初期应以生存为首要目标，其特征是主要依靠自有资金创造自由现金流，实行充分调动"所有的人做所有的事"的群体管理，及"创业者亲自深入运作细节"。

（一）新企业是以生存为首要目标的管理

据时代数据统计，2021 年全国共有 775 家创业企业关闭。从失败原因方面来看，"烧钱"、行业竞争、融资能力不足、现金流断裂、政策监管是创业失败的五大主因，分别涉及 436 家、428 家、277 家、231 家、84 家。此外，法律法规风险、营销不足、商业模式匮乏、产品入场时机、业务过于分散也是创业公司失败的原因。其中未得到融资的创业公司达到 617 家，占所有关闭公司的 79.61%。

生存的压力迫使初创企业更加注重行动而非战略思考，甚至许多人认为初创企业和中小企业不需要战略。因此，初创企业成立之初，尤其是前两年，首要任务是在市场上找到立足点，千方百计使自己生存下来，不要被市场所"消灭"。在这一阶段，生存是第一位的，基本目标是要想方设法把自己的产品或服务销售出去，尽快实现盈亏平衡、争取正的现金流。盈利是初创企业生存的唯一方法，在创业阶段，亏损、盈利、又亏损、又盈利，可能要反复经历多次，直到最终持续稳定地盈利，才算是度过了创业的艰难时期。一切围绕生存运作，一切危及生存的做法都应避免，在创业阶段最忌讳的是提出不切实际的扩张目标，盲目铺摊子、上规模。

（二）初创企业主要依靠自有资金创造自由现金流

现金流对企业来说就像人的血液，企业可以承受暂时的亏损，但不能承受现金流的中断。

现金流是指一定时期企业的现金和现金等价物的流入和流出的数量，自由现金流是指不包括融资、不包括资本支出及不包括纳税和利息支出的经营活动净现金流。自由现金流一旦出现赤字，企业就将发生偿债危机，可能导致破产。对初创企业而言，由于融资条件苛刻，很难从商业银行获得贷款，只能主要依靠自有资金运作来创造自由现金流。正是由于创业初期企业的资金主要是自有资金，"抠门"好像成了每个创业者的首要表现。

（三）初创企业实行充分调动"所有的人做所有的事"的群体管理

多数在初创企业，尽管建立了正式的部门结构，但很少有按正式组织方式运作的。典型的情况是，虽然有名义上的分工，但运作起来是哪里急、哪里紧、哪里需要，就都往哪里去。这种看似的"混乱"，实际是一种高度"有序"的状态。每个人都清楚组织的目标和自己应当如何为组织目标作贡献，没有人计较得失，没有人计较越权或越级，相互之间只有角色的划分，没有职位高低的区别，这才叫作团队。这种运作方式培养出团队精神、奉献精神和忠诚，即使将来事业发展了、组织规范化了，这种精神仍在，成为企业文化的核心。在创业阶段，创业者必须尽力使新事业部门成为真正的团队，否则创业很难成功。这种在创业时期锻炼出来的团队领导能力，是创业者将来领导大企业高层管理班子的基础。

（四）新初创企业是"创业者亲自深入运作细节"的管理

经历过创业初期的创业者大都有过这样的体验：曾经直接向顾客推销产品；亲自与供应商谈判折扣；亲自到车间里追踪顾客急需的订单；在库房里卸货、装车；跑银行、催账；策划新产品方案；制订工资计划；曾被经销商欺骗；遭受顾客当面训斥，等等。由于创业者对经营全过程的细节了如指掌，才使得生意越做越精。

当然，随着企业的逐步发展，创业者不可能再深入企业的各个角落，亲自参与企业运营的每个环节，授权和分权则成为必然。

📄 案例分享

内蒙古"鹿王"在非洲的"一带一路"创业之路

2020年底，中国与非盟签署了《中华人民共和国政府与非洲联盟关于共同推进"一带一路"建设的合作规划》，将有效推动共建"一带一路"倡议同非盟《2063年议程》深度对接，为中非高质量共建"一带一路"开启新篇章。过去的20年间，中非贸易额翻了20倍，直接投资存量翻了100倍。即使是在疫情全球肆虐下的2020年，中国对非洲的直接投资仍基本与2019年持平。据商务部统计，截至2019年底，约有3400家中国企业在非洲投资兴业，其中70%是民营企业。中国民营企业对非直接投资十分强劲。

生意是一种语言，贸易是一种文化。中国生意人靠中国文化熏陶下的创业精神与合作理念，与世界交流，实现共赢。内蒙古鹿王羊绒有限公司投资非洲岛国马达加斯加已24年，从中国民营企业的视角，"鹿王"的故事，很好地践行了中国国家主席习近平在2021年博鳌亚洲论坛上的讲话：共建"一带一路"追求的是发展，崇尚的是共赢，传递的是希望。

《人民政协报》记者专访中非民间商会副会长、内蒙古鹿王羊绒有限公司董事长郑浩生。

"鹿王"的初心

记者：鹿王羊绒很早就投资非洲，当时为什么这样选择？

郑浩生：鹿王羊绒的发展经历了创业阶段"引进来"，后来又"走出去"。鹿王羊绒是1985年建厂的，曾经先后引进英国、日本等八家外资企业入资鹿王公司，到1996年，公司产量已达200万件。我们的产品打国际市场，但当时中国未加入世贸组织，羊绒产品出口实行配额制，全国羊绒产品的出口配额都不够我们使用。配额不足成为制约公司发展的瓶颈。为此，公司多次派人到国外考察、调研，最终把目标选定非洲马达加斯加共和国。1997年我们在马达加斯加建立了第一家鹿王羊绒海外工厂和销售中心。

"鹿王"之所以选择在马达加斯加投资建厂，主要得益于其得天独厚的自然环境：一是适宜的气候环境，温度、湿度完全符合羊绒针织产品的条件，车间不用暖气和空调，编织不易断线和飞毛，产品质量稳定；二是适宜的淡水资源；三是劳动力资源优势明显，用工成本远低于国内；四是从投资的角度来看，马达加斯加具有优越的投资环境，如进入欧洲市场的特别优惠待遇，纺织品、手工艺品等其他物品进入美国市场的优惠待遇。马达加斯加是多个区域经济共同成员：SADC南部非洲经济共同体、COMESA东南合作组织、COI印度洋联盟等，都为吸引外来投资提供便利的条件。

社会优势主要表现为：马达加斯加政局相对稳定，社会治安秩序总体良好，当地人主要信奉基督教，民风善良淳朴，特别是中马两国人民长期以来建立的深厚友谊，为我们的和谐相处奠定了坚实基础；马国政策透明度较高，先后出台了劳动法、投资法等法律文件。

产业前行，民心要先行

记者：中国与非洲各国语言不通，文化不同，"鹿王"如何解决人力资源本地化的问题？

郑浩生："鹿王"海外工厂必然要走本土化的道路。马达加斯加生活贫困，劳动力素质很落后。鹿王公司在马达加斯加建厂初期，本土员工教育水平最高的是初中文化，很多人只有小学毕业的水平。新招聘来的工人对纺织技术毫无概念，一切要从零开始培养。

建厂之初，由于文化差异，当地员工离职率相当高，我们几乎每年都要招工、培训、就业，要循环往复好几次。一名从国内去马达加斯加的企业员工告诉我，他是把每次跟当地员工沟通的心得一一记录下来，通过这样的细节储备来了解当地的风俗习惯，融入当地员工，既传授技术给他们，也影响他们的观念。

现在，总公司派遣技术、生产、质量、业务、财务管理人员已经从早期的150多人减少到现在的50人。现如今，本土员工不仅熟练掌握纺织操作技能，大部分的本土员工教育水平也有了显著的提高，有些人甚至可以用中文简单交流，有的已进入公司技术及管理团队。这24年，我们培养了大批当地中高层企业负责人，也有大批留学法国、美国的硕士、博士在鹿王公司工作。他们的机会与待遇、责任和能力都实现了均等无差别。通过经营管理人员适度本土化，鹿王公司马达加斯加公司建立了和谐的劳动关系和公共关系。

我一直认为，国之交在于民相亲，民相亲在于心相通。非洲虽然落后，但是非洲老百姓非常好，只要你和他民心相通，他会无私奉献。"鹿王"在马达加斯加建厂24年，每年为当地提供近万个就业机会，没有发生过一起争议或者事故。

我们与其他纺织业一道创造了马达加斯加1/3的工业产值，努力推动当地经济的发展；我们在人权、环保方面是按照欧盟、美国标准来执行的。

我们的情谊可以从非洲员工那里得到真实答案。有的员工是一家两代人或三代人都在我们工厂工作，周边社区居民大部分都是鹿王公司的员工。2019年初夏，我去公司视察工作，当时许多非洲员工纷纷拉着我合影，我们语言不通，但我从他们友好而喜悦的笑容上看到他们对企业的爱。

工作人员翻译了一个非洲员工的话，大致意思是，他非常骄傲在鹿王公司工作，公司让他一家有饭吃、有衣穿、孩子有学上。周围的人都羡慕他，他希望"鹿王"订单再多点，工厂一直办下去。

我也挺感动的。企业全球化，就是走出国门，做别人不想做的难事，做别人看不见的好事，从而利天下、益天下。民心相通，义利兼顾。只有这样的理念，中国民营企业才能更好地在非洲扎下根，长出中非互惠的产业"大树"。

疫情考验真情谊

记者：去年以来的新冠肺炎疫情肆虐全球，非洲抗疫形势尤其严峻。"鹿王"在马达加斯加的工厂情况如何？

郑浩生：2020年春节伊始，疫情在中国蔓延，那时马达加斯加还是一片平安之地，我们与马达加斯加紧急多方联系，采购到25万只宝贵的战备防护口罩想尽快运回国内捐赠给有关部门。马达加斯加政府得知情况后，指示海关等有关部门特事特办，立即放行。25万只口罩经过万水千山最终运抵祖国防疫前线。

5月，全球疫情大暴发，马达加斯加未能幸免。我们公司决定，将装修、改造与绿化好的制药厂无偿捐赠给马国政府，这家药厂现在是马达加斯加唯一的一家制药厂。马达加斯加总统对鹿王公司的捐赠行为表示高度赞赏，他称赞中国企业是勇于提升中非传统友谊的践行者，为马达加斯加抗疫工作作出了突出贡献。

后来，我们还为当地医疗机构捐赠了5万个口罩，为当地无家可归人员救助点捐赠40多立方做饭用的木材；现在，鹿王公司又在国内采购11万只KN95口罩发往马达加斯加，为马达加斯加抗疫助微薄之力。

非洲谚语说："一只手无法将葫芦罐子放在头上。"我们中国也有句谚语："兄弟同心，其利断金。"当今世界，人类正面对越来越多的全球性挑战，中国和非洲比以往任何时候都更需要命运与共、共克时艰。

疫情严峻之时，我们有95%的当地员工都签署了做好自身防护时自愿工作的诉求。我们的海外员工与公司是同呼吸共命运的兄弟，更是战友。2020年，鹿王公司7000多名员工未发生一例感染事件，圆满完成了2020年生产任务。

非洲大市场中的中国机遇

记者：非洲是"一带一路"合作不可或缺的重要组成部分，目前40多个非洲国家和非盟委员会已同中方签署"一带一路"合作文件，约占签署此类文件国家和国际组织总数的

1/3。2021年1月1日，非洲自贸区启动仪式在线上正式启动。分析人士认为，非洲自贸区建设虽面临诸多挑战，但它凸显了非洲国家推动经济转型的决心，有望增强非洲发展韧性。您怎么看非洲大市场中的中国机遇？

郑浩生：据世界银行和联合国贸发会议等机构预测，随着非洲大陆自由贸易协定全面履行，到2035年非洲地区总出口量将增加近29%，其中区域内出口增长超过81%。非洲将作为一个整体加速工业化进程，提升全球竞争力和吸引力，更好地融入世界经济。

我们可以说，中非关系目前正处于历史最好时期，互利共赢和共同发展的合作势头很好。这对于我们国家提出的国内国际双循环，充分利用国内国际两个市场，也是非常利好的。

众所周知，由于受国内劳动力成本急剧上升等因素的影响，中国纺织行业与东南亚、非洲等新兴经济体相比，成本比较优势逐渐缩小，像鹿王公司这样的典型劳动密集型中国纺织企业"走出去"更是大势所趋。从竞争发展趋势来看，在未来，中国所需的纺织品也需要从国外较不发达国家进口，鹿王公司在这方面下的是"先手棋"。

中国对非洲的投资建设主要有基础设施建设、石油和矿产开发、织造业、金融业、建筑业、通信技术等服务业。我们在非洲从事制造业加工，我认为，加工制造业领域的投资可以为非洲国家提高初级产品的附加值、创造就业机会、增加出口和外汇收入、扩大税收和财政收入，以及进行技术转让、促进非洲经济多元化和工业化进程等，因此对该领域的投资备受非洲国家欢迎。

非洲是一片古老而"年轻"的土地。那里接近12亿的总人口中，24岁以下的年轻人占比60%。年轻意味着增长，也意味着无限想象空间。

随着中非经贸关系稳定发展，非洲已成为"一带一路"建设的重要节点区域，推动双方的产能合作是未来中非经贸合作的主线，这也是国内企业将自己的优势产能输出去，让自己"走出去"，走向国际的最好历史机遇期。当然，"走出去"还需掌握一定的本领，除了品牌与技术之外，需要做更多的功课，与当地社会进行高度融合。

（来源：吴志红.郑浩生：我在"一带一路"上做生意——中非民间商会副会长、内蒙古鹿王羊绒有限公司董事长郑浩生的"非洲"生意经[EB/OL].人民政协网，2021-04-30.https://www.360kuai.com/pc/94480cb1b993617d4?cota=3&kuai_so=1&tj_url=so_rec&sign=360_57c3bbd1&refer_scene=so_1，有改动）

思考：

1. "鹿王"为什么会选择开拓非洲的市场？

2. 本土化管理给"鹿王"海外发展带来了什么好处？

二、初创企业成长管理的技巧和策略

（一）注重整合外部资源、追求外部成长

创业活动往往是在资源不足的情况下把握商业机会。因此，要求创业者必须创造性地整合资源，尽量运用少量资源，控制更多资源，注重借助别人（既包括竞争对手，又包括合作者）的力量，发展壮大自身，注重整合外部资源、追求外部成长。

1. 尽可能多地寻找可供整合的外部资源提供者

要整合外部资源，就要寻找到可以提供资源的对象。对此，一种办法是找到少数拥有丰富资源的潜在资源提供者，如政府、银行、大公司等，但创业者往往在这方面缺乏优势；另一种办法是尽量多找潜在的资源提供者，通过合作、"借鸡生蛋"或通过上市获得短缺资源并迅速扩大规模都是实现成长的捷径。

2. 分析并寻找到与潜在资源提供者共同利益所在

商业活动强调利益，要做到资源整合，需要认真分析潜在资源提供者关心的利益所在。创业者要想成功地整合外部资源，必须要有创新的思维，寻找到潜在资源提供者共同利益所在，一旦不同诉求的组织或个人之间存在共同利益，或建立起紧密的利益联系，双方就成了利益相关者，兼顾各方面利益就可能达到多赢、共赢的境界。

3. 让对方先赢自己再赢的整合策略

外部资源能够整合并被创业者所用，就需要合作，合作需要双赢甚至是共赢。合作总要有一个开始，在没有合作基础的前提下，一开始就达到双赢不容易，不妨采取让对方先赢自己后赢的策略。

4. 强化沟通实现外部资源的有效整合

人与人之间最宝贵的是真诚、信任和尊重，其桥梁就是沟通。创业企业整合外部资源，在很大程度上就是通过内外部密切沟通来实现的。与外部的沟通，主要包括与投资者、银行、政府部门、媒体、业界、客户、供应商等的沟通，主要目的是通过沟通建立联系、获得信任、与对方达成共识，争取对方的支持或帮助，最后取得双赢的结果；在企业内部，通过有效沟通，可以凝聚员工人心，降低内部冲突，扩大社会网络，提升整个企业的效率和业绩。

📖 **案例分享**

上峰海螺联手出海　投资共建"一带一路"水泥项目

为响应党和国家"一带一路"倡议，积极稳妥推进国际化发展战略，上峰水泥拟联手海螺水泥在乌兹别克斯坦安集延共建水泥熟料生产线项目，以落实推进其在中亚地区的投

资布局，增强公司综合竞争力。其中海螺水泥旗下海螺国际控股作为该合作项目的控股方持有合资公司51%股权，上峰水泥与合资项目原股东乌兹别克乔伊丹姆公司合计持有合资公司49%股权，三方拟共同推进项目建设。

1月28日上午合作三方以视频线上形式举行了签约仪式，海螺集团党委书记、董事长王诚，海螺水泥股份党委书记、总经理李群峰，总经理助理虞水，上峰水泥董事长俞锋，党委书记、副总裁瞿辉，副总裁汪志刚及乌兹别克乔伊丹姆公司代表等进行会谈，各方就乌兹别克项目合作推进进行洽谈并正式签署合作协议，乌兹别克斯坦总理办公厅代表、乌兹比克斯坦驻华大使馆商务参赞及投资与对外贸易部代表处主任等共同见证了项目签约。本次项目合作各方将以乌兹别克斯坦上峰友谊之桥有限公司为平台，相应增资和股权调整后合作投资建设2条日产5 000吨新型干法水泥熟料生产线及骨料等配套项目，一次规划分期实施，这也是海螺与上峰为响应党和国家鼓励"一带一路"区域共同发展而落实的具体行动之一。

上峰与海螺就产业链各领域的合作发展进行了深入交流。近年来上峰水泥与海螺集团旗下公司在新材料、装备供应、"水泥+"相关领域及行业升级发展技术创新等方面开展了多方位合作。2021年上峰建材与海螺新材料在安徽铜陵合资成立了海螺铜陵新材料等合资公司；上峰建材与海螺水泥股份有限公司还共同参与了由国家混合所有制改制基金、国家产业转型升级基金、中国建材等联合发起设立的中建材新材料产业基金。本次合作将进一步加强双方的交流合作，以实现合作共赢，也将共同为促进"一带一路"地区社会经济繁荣发展贡献积极力量。

水泥建材企业之间近年来交流合作不断加强，促进了行业格局优化、优势互补与总体高质量发展，也推动了行业优质企业向着低碳化、智能化、高端化、国际化的转型升级方向不断迈进，国内建材企业的建设运营效率与国际竞争力不断增强。近期中国建筑材料联合会公布的2021年全球建筑材料上市公司综合实力排行榜中，头部企业（前10）有三家为国内企业，其中中国建材居首位，海螺居全球第二位，上峰水泥在全球百强排名中居第82位。本次海外项目的成功实施将再次成为中国企业响应号召在"一带一路"区域共荣发展的新亮点。

（上峰海螺联手出海　投资共建"一带一路"水泥项目[EB/OL].数字水泥网，2022-01-29.http://www.dcement.com/article/202201/187033.html）

思考

1.你认为上峰水泥和海螺水泥为什么会选择共同出海投资"一带一路"项目？

2.企业强强合作会带来怎样的影响？

（二）管理好保持企业持续成长的人力资本

人力资本是指通过投资于人力资源，而形成和凝结于人力资源体中，并能带来价值增值的智力、知识、技能及体能的总和。

创业者本人并不一定要受过高等教育，但一定要雇用一批有能力的下属，通过构建规模较大的管理团队让更多的优秀人才参与决策，以保持和增强企业持续成长的人力资源。

优秀人才是高质量的无形资产，对于进入成长阶段的企业来说，吸纳、培养和积累优秀人才就是积累企业人力资本。因此，初创企业创立以后应该不断地致力于营造良好的人才成长环境，为优秀人才快速成长提供各种有利条件。人力资本的形成和积累主要靠教育，因此，企业必须高度重视员工培训和教育，加大教育培训的投入，拟定科学系统的培训开发计划，这是在开发和积累企业的无形资产。

为了激励人力资本和全体员工创富的潜能，利润、股权的分配不仅是在创建团队时就必须解决的问题，而且在企业发展过程中还需要及时调整，使新进入企业的主要技术骨干和高级管理人员也能合理得到股权。同时应当积极探索利润分享计划、员工持股等多项制度。

（三）及时实现从创造资源到管好用好资源的转变

根据资源基础理论，企业的竞争优势来源于企业拥有和控制的有价值的、稀缺的、难以模仿或不可替代的异质性资源。因此，初创企业创立后需要及时实现从创造资源向注重管好用好已经创造出来的资源的转变，加强对企业既有资源的科学管理和有效利用。

1. 节约资源、保护环境

企业成长是一个持续利用资源和环境，不断创造财富的过程。在这个过程中，浪费资源、破坏环境，企业将失去生存发展的基础。因此，企业不仅要创造财富，还要节约资源、保护环境；不仅对股东负责，还要对社会、对员工、对环境负责。

2. 管理好知识资源

企业的知识资源是指企业拥有的、可以反复利用的、建立在知识和信息技术基础之上的、能给企业带来财富增长的一类资源。知识经济时代，企业的主要资源不再是物质资源，而是如客户关系、品牌、知识产权等异质性知识资源。必须采取各种必要措施管好用好企业的知识资源，管理好有形、无形资产，以现有资源创造最大价值。企业异质性知识资源通常包括以下 3 类。

（1）企业创造和拥有的无形资产，具体包括企业文化、品牌、信誉、渠道等市场方面的无形资产；专利、版权、技术诀窍、商业秘密等知识产权，技术流程、管理流程、管理模式与方法、信息网络等组织管理资产。

（2）信息资源，指通过信息网络可以收集到的与企业生产经营有关的各类信息。

（3）智力资源，指企业可以利用的、存在于企业人力资源中的各种知识和创造性地运用知识的能力。

3. 资源的开发、利用与整合并举

成长阶段是初创企业的快速发展期，这时企业需要筹措更多的资源来满足自身的发展，而充分利用既有的有限资源至关重要。这要求创业者一方面要节约使用资源；另一方面更要注重资源的开发、循环利用和整合。

节约资源包括降低原材料消耗、提高材料利用率、节能减排、提高设备利用率、管好用活资金等。资源利用指企业将获取的资源优化配置，形成特定的企业能力并实施利用，从而实现企业的价值创造。资源利用过程中很重要的一点是资源的循环利用，企业只有实现对有限资源的循环利用，才能奠定未来发展的坚实基础，这也正是循环经济的基本理念。

初创企业进入快速成长期后，创业者资源整合的深度与广度将保障组织运作的持续性，影响创业资源的优化配置，包括资源之间的协调、互补与杠杆关系。创业资源整合不仅为创业活动的顺利开展提供支撑，还协调着组织内部资源与能力之间的关系，促进组织资源向企业能力的转化，使得新企业在快速成长期能够很好地应对外部环境的不确定性及组织内部所存在的管理问题，提高资源使用效能，最终提高创业绩效，支撑企业的快速成长。

（四）形成比较固定的企业价值观和文化氛围

企业文化被称作企业的灵魂和精神支柱，是企业发展的动力之源。没有真正深入人心的良好企业文化，创业就是将创业建立在沙滩之上，随时有可能出现严重风险事故，甚至是灭顶之灾。而企业文化精髓是创业者的创业精神，这是凝聚员工的一笔"不可复制"的财富，更是初创企业生存和发展的关键。

1. 着力形成比较固定的企业价值观

价值观是企业文化的基石和核心。企业价值观是指企业及其员工的价值取向，是指企业在追求经营成功过程中所推崇的基本信念和奉行的目标。因此，企业价值观对企业员工有着巨大的内聚作用。大多数快速成长企业都有比较固定的企业价值观，创业者往往倾注全部心血使企业的价值观延续，用以支撑初创企业的生存和健康发展。

知识经济时代需要创业企业形成符合企业实际、独具特色、充满挑战性的理想与追求，并能为广大员工所接受的核心价值观。

2. 着力营造浓郁的企业文化氛围

企业文化是企业的无形资产，作为一种资源，它是创业初期企业的第一桶金，创业者应当用心培育和塑造企业文化。企业文化的培育是个长期的过程，需要在企业内着力营造一个浓郁的文化氛围。个性鲜明、富有特色的企业文化，对内能使员工目标明确、行动统一、行为规范、积极奋进；对外则能使社会加深对企业的了解及理解，树立企业良好形象，增加对企业的信任度和美誉度。

（五）注重用成长的方式解决成长过程中出现的问题

根据企业生命周期理论，企业如同生物体会经历出生、成长到死亡的生命历程，有一个产生、成长、老化、消亡的过程。

拉里·格雷纳（Larry E. Greiner）提出企业成长五阶段模型，即创业、聚合、规范化、成熟、再发展或衰退五个阶段。企业每个阶段都由前期演进和后期的变革或危机部分组成。每个阶段的组织结构、领导方式、管理体制和员工心态都有其特点，每个阶段的演进期都有其独特的管理方式，而变革时期由公司面临的居支配地位的管理问题所决定。企业组织体系随着生命周期不断演变，在迈向新生命阶段时，组织体系都将面临某种阵痛。此时，组织若能通过程序的制定及有效的决策来攻克难关，促成转型的成功，则所面临的问题均属过渡性的正常现象。反之，如果组织只是一味地走老路，那么更多的异常问题将随之而来，而且会愈演愈烈，严重阻碍组织的发展。

可见，创业者在初创企业成长阶段必须重视变革与创新，注重用成长的方式解决成长过程中出现的问题。不同的成长阶段需要不同的推动力。

（1）注重在成长阶段主动变革。

（2）善于把握变革的切入点。

（3）重视人力资源开发。

（4）加强系统建设。

（六）从过分追求速度转到突出企业的价值增加

过分追求速度必然依靠拼资源、拼消耗、拼环境、拼廉价劳动力的粗放经济发展方式，急功近利、急于求成的企业往往事与愿违。

企业经营的真正目的在于为客户创造价值。当企业发展到一定程度时，就需要向价值增加快的方面转移和延展，以获得最大的价值创造，才能避开快速成长的风险，实现健康、可持续发展。因此，成长阶段企业管理的主要目标也不再是企业所有者利益最大化，而是追求企业价值最大化，这就要求企业不仅要关注企业所有者的利益，而且更要关注顾客、企业员工、企业债权人，甚至政府等，企业的发展和壮大与所有的利益相关者相关。

突出价值增加的一个重要方面就是企业的品牌打造。企业品牌是企业最重要的无形资产，甚至有学者认为企业品牌是继人、财、物、信息之后的企业"第五经营资源"，是企业竞争力的核心所在，是企业基业长青的重要保障。亨利·福特曾在其自传中说："你可以没有资金、没有工厂，没有产品，但你不能没有品牌，有品牌就有市场，当然也会有其他。"可口可乐也曾夸下海口：即使全世界所有的可口可乐工厂都烧毁了，可口可乐品牌仍可以使公司在一夜之间重新站起来。可见，打造一个拥有广泛影响力的品牌，不仅可以带来顾客满意度和忠诚度，还可以通过品牌实现企业利润的增长、股东价值的提升、员工凝聚力的增强、企业商品和服务能力的提升，从而实现价值创造的良性循环。

第二节　初创企业的风险管理

一、企业的生命周期

（一）企业的生命周期理论

企业的生命周期是指企业从诞生到消亡的时间过程。人的寿命由于受到自然生理因素的限制是有限的，而企业组织却不受这些限制，从理论上来说是可以无限延长的，但历史上长寿的企业却不多见。北京同仁堂有 300 多年历史，瑞士的劳力士公司和美国的杜邦公司年龄超过 200 岁。绝大多数的企业寿命是短暂的。据我国经济学家统计：中国私营企业的平均寿命只有 2.9 年，大型企业（集团公司）的平均寿命约为 7—8 年，每年约有 100 万家私营企业破产倒闭，60% 的企业将在 5 年内破产，85% 的企业将在 10 年内消亡，能够生存 3 年以上的企业只有 10%，其中有 40% 的企业在创业阶段就宣告破产。据美国《财富》杂志报道，美国大约 62% 的企业寿命不超过 5 年，只有 2% 的企业存活达到 50 年，中小企业平均寿命不到 7 年，大企业平均寿命不足 40 年；一般的跨国公司平均寿命为 10—12 年；世界 500 强企业平均寿命为 40—42 年。据日本《日经实业》的调查显示，日本企业平均寿命为 30 年。

企业生命周期理论的研究目的在于试图为处于不同生命周期阶段的企业找到能够与其特点相适应、并能不断促其发展延续的特定组织结构形式，使得企业可以从内部管理方面找到一个相对较优的模式来保持企业的发展能力，在每个生命周期阶段内充分发挥特色优势，进而延长企业的生命周期，帮助企业实现自身的可持续发展，在激烈的竞争中立于不败之地。

不同学者对企业生命周期理论有不同表述，目前较有代表性的企业生命周期模型是美国学者伊查克·爱迪思（Ichak Adizes）提出的。伊查克·爱迪思是美国最有影响力的管理学家之一，企业生命周期理论创立者。伊查克·爱迪思根据企业所具有的灵活性和可控性把企业生命周期分为成长和老化两个阶段，并根据风险偏好、期望值、资金、责权、主导部门、目标导向等因素把这两个阶段细分为：孕育期（courtship）、婴儿期（infancy）、学步期（toddlerhood）、青春期（adolescence）、盛年期（prime）、稳定期（stable）和贵族期（aristocracy）、官僚化早期（recrimination）、官僚期（bureaucracy）、死亡期（death），每个阶段的特点都非常鲜明，如图 8-1 所示。

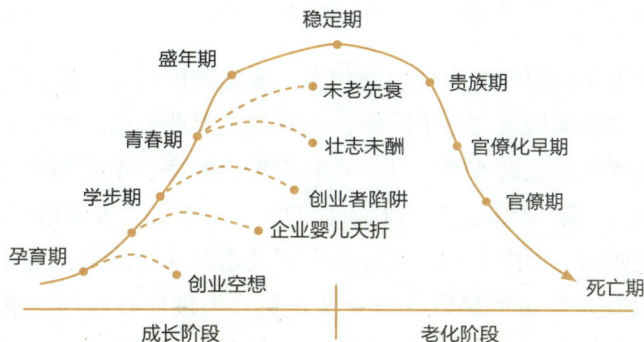

图 8-1　伊查克·爱迪思的企业生命周期模型

根据美国学者伊查克·爱迪思提出的企业生命周期理论，国内外不同学者对企业生命周期进行了不同阶段的划分，从各阶段所面临的风险特征，将企业生命周期主要分为四个阶段：初创阶段、成长阶段、成熟阶段和衰退阶段。

（二）企业生命周期各阶段特征

1. 初创阶段

初创阶段是企业生命周期的第一个阶段，企业在刚起步阶段，最大的问题是资金不足，对于产品的生产需要投入成本，与其他老企业相比，新企业缺乏社会网络，为建立社会网络、获取社会资源，需要投入成本，这增加了初创企业的创业成本，企业会面临财务风险。由于企业刚成立，知名度不高，在拓展市场方面会有困难，同时在销售产品方面与其他竞争者相比，缺乏市场竞争力，所以企业也会面临较大的竞争风险。初创阶段的企业没有一套较为完善的管理制度，企业会因管理上的失误而产生风险。同时初创阶段的企业容易遇到挫折，面对各种问题很难迅速作出决策，它不像老企业那样能制订解决问题的方案，一旦企业出现较大的失误，企业会在初创阶段夭折。

但这个阶段的企业比较有活力和创新精神，这是企业成长的主要动力。这个时期企业要解决的首要问题是生存问题，首先要在市场上站住脚，如果能解决这个问题，那么就能顺利进入下一阶段。

2. 成长阶段

企业在成长阶段如同一个青年，充满了生命力，对眼前的事物有着无限的热情。这个阶段的企业开始有了自信，对未来的发展也充满信心。处于成长期的企业可以在较短的时间内获得较高速度的成长，销售量增加，市场份额扩大，知名度提高，经济实力得到增强。因此，抵御风险的能力也得到了增强。但是成长阶段的企业会吸引竞争对手的眼球，竞争对手会利用各种手段阻碍企业的进一步发展，会加剧企业的竞争风险。若经营战略等方面有重大失误，也会断送企业的前途。

3. 成熟阶段

成熟阶段是企业生命周期中最为理想的状态。成熟阶段的企业很清楚自己在做什么，将要向什么方向发展，如何发展。在这个阶段，企业的主要业务已经稳定下来，产品的销售量和销售额保持在较高和较稳定的水平，有一定的市场占有率，市场知名度得到提升，企业市场的竞争力进一步加强。现实中能进入成长阶段的企业不多，进入成熟阶段的企业就更少了。

成熟阶段的企业如同一个中年人，要处理家庭关系及社会关系，企业面临的主要风险是组织风险，其主要特征是稳定的经营状态会使企业丧失进取心和创新精神，会降低企业满足顾客不断变化的需求能力。成熟后期的企业一般都开始考虑多元化经营，拓展新的利润增长点。

4. 衰退阶段

衰退阶段的企业如同一个人的老年阶段，抵抗力开始下降。此阶段企业经营绩效迅速下降，在市场的表现为市场份额下降、销售锐减、费用紧张。从外部环境看，市场需求的变化或竞争的加剧给企业带来了许多威胁，企业容易被行业淘汰。在宏观经济环境和技术因素的变化下，衰退阶段的企业不能做出及时的反应，适应外部的环境能力下降。从内部环境看，企业管理效率日益低下，人心不稳，企业的优秀员工容易被竞争对手挖走，企业员工懒散、责任心不强，企业制度繁多却行之无效。企业应对风险的抵抗能力下降，企业会日渐走向衰亡。

避免企业衰退，保持企业持续成长的关键是要不断地创新，在产品、技术、管理、市场等方面需要不断革新和超越，甚至进行二次、三次创业。若变革成功，企业就会进入一个新的成长周期，否则就进入了衰退阶段。

二、创业者面临的创业风险

创业者面临的
创业风险

（一）项目选择太盲目

创业者在创业初期一定要做好市场调研，在了解市场的基础上创业。如果缺乏前期市场调研和论证，只是凭自己的兴趣和想象来决定投资方向，甚至仅凭一时心血来潮做决定，一定会碰得头破血流。一般来说，创业者资金实力较弱，选择启动资金不多、人手配备要求不高的项目，从小本经营做起比较适宜。

（二）缺乏创业技能

很多创业者眼高手低，当创业计划转变为实际操作时，才发现自己根本不具备解决问题的能力，这样的创业无异于纸上谈兵。一方面，有意创业的人应先去相关企业工作或实习，积累相关的管理和营销经验；另一方面，积极参加创业培训，积累创业知识，接受专业指导，提高创业成功率。

（三）政策与市场风险

政策与市场风险是指因国家宏观政策（如货币政策、财政政策、行业政策、地区发展政策等）发生变化，而给企业带来的风险。创业者要对国家政策有高度的敏感性，法律法规不允许做的不要做，宏观政策不提倡的不要做，要及时发现市场变化，规避政策风险。

（四）资金风险

资金风险在创业初期会一直伴随在创业者的左右。是否有足够的资金创办企业是创业者遇到的第一个问题。在策划阶段就必须考虑是否有足够的资金支持企业的日常运作。对于初创企业来说，如果连续几个月入不敷出或因为其他原因导致企业的现金流中断，都会给企业带来极大的威胁。相当多的企业会在创办初期因资金紧缺而严重影响业务的拓展，甚至错失商机而不得不关门大吉。

另外，如果没有广阔的融资渠道，创业计划只能是一纸空谈。除了银行贷款、自筹资金、民间借贷等传统方式外，还可以充分利用风险投资、创业基金等融资渠道。

（五）社会资源贫乏

企业创建、市场开拓、产品推介等工作都需要调动社会资源，青年学生在这方面会感到非常吃力。因此平时应多参加各种社会实践活动，扩大自己人际交往的范围。创业前，可以先到相关行业领域工作一段时间，通过这个平台，为自己日后的创业积累人脉。

（六）管理风险

一些青年学生创业者虽然技术出类拔萃，但理财、营销、沟通、管理方面的能力普遍不足。要想创业成功，创业者必须技术、经营两手抓，可从合伙创业、家庭创业或从网络商店开始，锻炼创业能力，也可以聘用职业经理人负责企业的日常运作。

失败的初创企业，基本上都是管理方面出了问题，其中包括决策随意、信息不通、理念不清、患得患失、用人不当、忽视创新、急功近利、盲目跟风、意志薄弱等。特别是青年学生刚刚步入社会时知识单一、经验不足、资金实力和心理素质差，更会增加在管理上的风险。

（七）竞争风险

竞争是必然的，如何面对竞争是每个企业都要随时考虑的事，而对初创企业更是如此。如果创业者选择的行业是一个竞争非常激烈的领域，那么在创业之初极有可能受到同行的强烈排挤。一些大企业为了把小企业吞并或挤垮，常会采用低价销售的手段。对于大企业来说，由于规模效益或实力雄厚，短时间的降价并不会对它造成致命的伤害，而对初创企业则可能意味着彻底毁灭的危险。而且初创企业一般没有自己的核心竞争力，一个依赖别人的产品或市场来打天下的企业是永远不会成长为优秀企业的。因此，考虑好如何应对来自同行的残酷竞争是初创企业生存的必要准备。

（八）团队分歧的风险

现代企业越来越重视团队的力量。创业企业在诞生或成长过程中最主要的力量来源一般都是创业团队，一个优秀的创业团队能使创业企业迅速地发展起来。但与此同时，风险也蕴含其中，团队的力量越大，产生的风险也就越大。一旦创业团队的核心成员在某些问题上产生分歧不能达到统一时，极有可能会对企业造成强烈的冲击。事实上，团队的良好协作并非易事。特别是与股权、利益相关联时，很多初创时关系很好的伙伴都会闹得不欢而散。

（九）人力资源流失风险

一些研发、生产或经营性企业需要面向市场，大量的高素质专业人才或业务队伍是这类企业成长的重要基础。防止专业人才及业务骨干流失应当是创业者时刻注意的问题，在那些依靠某种技术或专利创业的企业中，拥有或掌握这一关键技术的业务骨干的流失是创业失败的最主要风险源。

青年学生创业过程中所遇到的阻碍并不仅此几点，在企业发展过程中，随时都将可能有灭顶之灾的风险。保持积极的心态，多学习、多汲取优秀经验，结合青年学生既有的特长优势，创业的步伐才会越走越远，越走越稳。

三、青年学生创业初期风险控制

（一）培养企业家精神

企业家精神也是企业家这个特殊群体所具有的共同特征，是他们所具有的独特的个人素质、价值取向及思维模式的抽象表达，是对企业家理性和非理性逻辑结构的一种超越、升华。每个企业都有一种理念，有一种文化，企业家就朝着这个理念努力拼搏，时间长久就形成一种文化，企业家的成功就是靠他们这种精神的支持。

企业家精神基本内容包括创新精神、创业精神、宽容精神和冒险精神。不管是创业初期还是后期，创业者尤其是青年学生创业者更需要培养企业家精神，企业家精神是企业核心竞争力的重要来源。

（二）做好充分的准备

创业起步阶段，创业者要对创业构想进行可行性分析，考察创业的技术可行性和市场潜力。要组建适合的创业团队，充分发挥各人的优势，为创业活动的开始打好基础。

此外，还要准备足够的资源，争取多方面的帮助。创业资源主要包括以下几个方面：业务资源——盈利的模式；客户资源——谁来购买；技术资源——凭什么争取顾客；经营管理资源——经营能力如何；财务资源——是否有足够的启动和运营资金；人力资源——是否有合适的专业人才；行业经验资源——对该行业知识的积累；行业准入条件——进入的资格条件等。创业资源不足是创业初期普遍遇到的问题，会直接导致创业的失败，但创业并非一定要等准备好完全充分的资源才去实施，具备了一些重要资源，其他一些欠缺的资源可以慢慢获取。

（三）提高管理水平

资金管理。合理使用资金，周期性地评估企业的财务能力，谨慎投资，防止资金链断裂。

内部管理。选择和确立一个适合本企业的管理制度。由于自身资源及能力的不足，尽可能地建立策略联盟，通过合作、合资，共同分担成本及风险。

营销管理。营销是重点，创业初期的销售有时是不赚钱的，但是为了打开市场，争取顾客，即使不赚钱也要销售，制定合理的价格，创建品牌。

人力资源管理。创业之初，企业规模小，组织结构简单，决策权主要在团队手中，要加强团队的管理和沟通，相互信任、彼此合作、共渡难关，决策要公开征求大家意见，避免主观臆断。但是到了创业后期，情况会发生变化，管理思路也要相应调整，企业需要有主心骨，过分民主，往往会导致决策难定和效率低下。

（四）提高危机意识，加强危机管理

企业发生危机的情况是随时的，是常态，要有随时应对危机的准备，要学会未雨绸缪。许多人把危机看作异常，缺少危机意识和应对方法，以致危机来临时束手无策。首先对团队成员、员工要不断进行危机教育，让全体员工都明白危机管理的重要性和必要性，包括培训员工的生产和服务技能，保证企业产品或服务的质量，减少企业自身失误的机会；其次是培养员工合作和风险的精神，减少内部矛盾和摩擦，关注政策变化，避免企业违法违规行为，多为消费者考虑，减少消费者对产品或服务的不满和抱怨；最后是要尽企业的社会责任，不能只想着私利，要有奉献社会的精神。

危机是危险也是机会，如果处理好往往能带来新的发展机遇。危机感是企业发展和创新的动力。

🔗 互动游戏

天外来客

一、游戏目的
了解风险、投资、收益之间的关系。

二、游戏程序
（1）每个小组的教练把材料分给组员：一只生鸡蛋，四个纸杯，一双筷子，长吸管和短吸管各两根，两只气球，几根皮筋，几张彩纸和几枝彩笔，一把剪刀和一瓶胶水。

（2）游戏要求每个小组除了要用这些材料做一个鸡蛋飞行器外，还要制作一面彩旗，用来标记"飞行器"落地时的位置，并要求在一个小时内完成全部任务。

三、游戏规则

方法是用一个生鸡蛋和其他几种简单的材料做成一个"飞行器"，哪个小组的"飞行器"飞得最远而且不碎就是胜利者。

四、游戏准备

生鸡蛋，纸杯、筷子、长短吸管、气球、皮筋、彩色纸张、剪刀、胶水等。

五、游戏点评

投资是人生的一部分，也是我们在企业经营中极复杂又多变化的一环。投资的机会一旦把握，我们将迈向成功，而我们有人会将成功的原因归属为命运，在前面对风险的解释中我们知道"一个人采取何种行动"取决于"抉择自由"，投资者获得抉择的自由当然要有够多的信息，在众多的混乱的信息中才能澄清事实。

在投资的过程中，风险是永远存在的，每次投资之前必须对风险和收益进行综合考虑，资金的安全应当放在第一位，然后才谈得上收益。就像这个"飞行器"，飞得再远，鸡蛋碎了成绩还是零。

创业，可以理解为一种高风险、高回报的投资，这其中就涉及对"资"的管理，具体而言就是对财务及融资的管理。

📖 "一带一路"国家简介

伊朗

伊朗伊斯兰共和国，简称伊朗，伊朗是具有四五千年历史的文明古国，史称波斯。位于西亚，属中东国家，国土面积约164.5万平方千米。2016年1月中国国家主席习近平访问伊朗，期间中伊在德黑兰发表《中华人民共和国和伊朗伊斯兰共和国关于建立全面战略伙伴关系的联合声明》，两国就此宣布同意建立全面战略伙伴关系。

伊朗石油、天然气和煤炭资源丰富。截至2019年底，已探明石油储量1580亿桶，居世界第四位，天然气已探明储量33.9万亿立方米，居世界第二位。2018年，伊朗石油日产量471.5万桶，天然气年产量2395亿立方米。其他矿物资源也十分丰富，可采量巨大。已探明矿山3800处，矿藏储量270亿吨；其中，锌矿储量2.3亿吨（平均品位20%），居世界第一位。

2022年3月27日，中伊两国外长在伊朗首都德黑兰签订了《中伊25年全面合作协议》，这份协议囊括了军事、政治以及经济等各个方面。根据这项协议，中国对伊朗的投资将在25年内达到4000亿美元。同时，中国未来会在伊朗西北部的马库、阿拉伯河汇入波斯湾的阿巴丹，以及波斯湾的格什姆岛建立自由贸易区。中国与伊朗之间将在银行、电信、港口、铁路以及全球导航系统开展全方面合作。

附录

A "一带一路"的概念、由来与背景

"一带一路"的概念、
由来与背景

一、"一带一路"的概念

"一带一路"（The Belt and Road，B&R）是"丝绸之路经济带"和"21世纪海上丝绸之路"的简称。2013年9月和10月由中国国家主席习近平分别提出建设"新丝绸之路经济带"和"21世纪海上丝绸之路"的合作倡议。它将充分依靠中国与有关国家既有的双多边机制，借助既有的、行之有效的区域合作平台增进国家合作关系。"一带一路"旨在借用古代丝绸之路的历史符号，高举和平发展的旗帜，积极发展与沿线国家的经济合作伙伴关系，共同打造政治互信、经济融合、文化包容的利益共同体、命运共同体和责任共同体。

二、"一带一路"的由来

"丝绸之路经济带"是在"古丝绸之路"概念基础上形成的一个新的经济发展区域。"丝绸之路经济带"，东边牵着亚太经济圈，西边系着欧洲经济圈，被认为是"世界上最长、最具有发展潜力的经济大走廊"。"丝绸之路经济带"首先是一个"经济带"概念，体现的是经济带上各城市集中协调发展的思路。

"21世纪海上丝绸之路"则是基于历史，着眼中国与东盟建立战略伙伴10周年这一新的历史起点上，为进一步深化中国与东盟的合作，构建更加紧密的命运共同体，为双方乃至本地区人民的福祉而提出的战略构想。

三、"一带一路"的背景

（一）古代背景

"丝绸之路"是起始于古代中国，连接亚洲、非洲和欧洲的古代陆上商业贸易路线，最初的作用是运输古代中国出产的丝绸、瓷器、茶叶等商品，后来成为东方与西方之间在经济、政治、文化等诸多方面进行交流的主要道路。

1877年，德国地质地理学家李希霍芬（Richthofen,Fendinand Von）在其著作《中国》一书中，把从公元前114—公元127年，中国与中亚、中国与印度间以丝绸贸易为媒介的这条西域交通道路命名为"丝绸之路"，这一名词很快被学术界和大众所接受，并正式运用。而后，德国历史学家郝尔曼（A. Hermann）在20世纪初出版的《中国与叙利亚之间的古代丝绸之路》一书中，根据新发现的文物考古资料，进一步把"丝绸之路"延伸到地中海西岸和小亚细亚，确定了"丝绸之路"的基本内涵，即它是中国古代经过中亚通往南亚、西亚以及欧洲、北非的陆上贸易交往的通道。

"丝绸之路"从运输方式上，主要分为"陆上丝绸之路"和"海上丝绸之路"。

"陆上丝绸之路"是指西汉（公元前 202—公元 8 年）汉武帝派张骞出使西域开辟的以首都长安（今西安）为起点，经凉州、酒泉、瓜州、敦煌等城市，中亚国家，阿富汗、伊朗、伊拉克、叙利亚等国家而达地中海，以罗马为终点的陆上贸易之路，全长 6 440 千米。这条路被认为是连结亚欧大陆的古代东西方文明的交汇之路，而丝绸则是最具代表性的货物。

"海上丝绸之路"是指古代中国与世界其他地区进行经济文化交流交往的海上通道，最早开辟也始于秦汉时期。从广州、泉州、宁波、扬州等沿海城市出发，从南洋到阿拉伯海，甚至远达非洲东海岸的海上贸易的"海上丝绸之路"。

随着时代发展，"丝绸之路"成为古代中国与西方所有政治、经济、文化往来通道的统称。除了"陆上丝绸之路"和"海上丝绸之路"，还有北向蒙古高原，再西行至天山北麓进入中亚的"草原丝绸之路"等。

（二）时代背景

当今世界正发生复杂深刻的变化，国际金融危机深层次影响继续显现，世界经济缓慢复苏、发展分化，国际投资贸易格局和多边投资贸易规则酝酿深刻调整，各国面临的发展问题依然严峻。共建"一带一路"顺应世界多极化、经济全球化、文化多样化、社会信息化的潮流，秉持开放的区域合作精神，致力于维护全球自由贸易体系和开放型世界经济。共建"一带一路"旨在促进经济要素有序自由流动、资源高效配置和市场深度融合，推动沿线各国实现经济政策协调，开展更大范围、更高水平、更深层次的区域合作，共同打造开放、包容、均衡、普惠的区域经济合作架构。共建"一带一路"符合国际社会的根本利益，彰显人类社会共同理想和美好追求，是国际合作以及全球治理新模式的积极探索，将为世界和平发展增添新的正能量。

共建"一带一路"致力于亚欧非大陆及附近海洋的互联互通，建立和加强沿线各国互联互通伙伴关系，构建全方位、多层次、复合型的互联互通网络，实现沿线各国多元、自主、平衡、可持续的发展。"一带一路"的互联互通项目将推动沿线各国发展战略的对接与耦合，发掘区域内市场的潜力，促进投资和消费，创造需求和就业，增进沿线各国人民的人文交流与文明互鉴，让各国人民相逢相知、互信互敬，共享和谐、安宁、富裕的美好幸福生活。

当前，中国经济和世界经济高度关联。中国将一以贯之地坚持对外开放的基本国策，构建全方位开放新格局，深度融入世界经济体系。推进"一带一路"建设既是中国扩大和深化对外开放的需要，也是加强和亚欧非及世界各国互利合作的需要，中国愿意在力所能及的范围内承担更多责任和义务，为人类和平发展作出更大的贡献。

2015 年 10 月 19 日，"一带一路"国家统计发展会议在陕西西安召开，会议强调，"一带一路"沿线国家要进一步加强政府统计交流与合作，努力为各国可持续发展提供准确、可靠的统计数据。信息互联互通是经济互联共赢的基础，"一带一路"行动，将推动政府间统计合作和信息交流，为务实合作、互利共赢提供决策依据和支撑。中国政府统计部门将积极开展对可持续发展相关指标的统计和监测，大力推进现代统计体系建设；将以更加积极、开放的态度，努力提供中国经济社会发展的权威统计数据，积极搜集整理"一带一路"相关国家统计资料，进一步提高中国统计数据的国际可比性，与各国分享中国统计改革发展实践；将与"一带一路"沿线国家政府统计机构一起，共同致力于加强统计交流合作，研究建立统计数据交换共享机制。

第71届联合国大会决议欢迎"一带一路"等经济合作倡议，敦促各方通过"一带一路"倡议，呼吁国际社会为"一带一路"倡议提供安全保障环境。截至2021年，172个国家和国际组织与中国签署了200多份共建"一带一路"合作文件，推动建立了90多个双边合作机制。

从倡议到行动，从"大写意"到"工笔画"，多年时间坚持共商共建共享，"一带一路"建设正沿着高质量发展方向不断前进，吸引着全球目光的同时也让世界共享中国倡议的智慧成果。

B "一带一路"创新创业案例分析

一、"'一带一路'照亮我的创业路"

2013年秋天，习近平主席出访中亚和东南亚，提出"一带一路"倡议。很快，"一带一路"家喻户晓。

一位河北唐山的农民经常看到关于"一带一路"的新闻。一边看，一边琢磨，他认定，"一带一路"蕴藏着巨大机遇。于是，2014年，这位名叫王占明的农民毅然决定，去哈萨克斯坦闯一闯。

哈萨克斯坦

这一闯就是5年。近日，当记者在新疆维吾尔自治区吉木乃口岸见到王占明时，他已是一位小有名气的企业家，他的照片经常出现在哈萨克斯坦的报纸上。王占明的成功印证的是"一带一路"的成效，正如他本人所说："'一带一路'照亮我的创业路，我所做的就是把中国的发展成果带到哈萨克斯坦。"

"在这里发展的想法更坚定了。"

王占明眼睛不大，一说话，两眼紧紧盯住前方。这一神态，多多少少展现了他的性格——盯住一个方向，坚定地走下去。

2014年，初次踏上哈萨克斯坦的土地，王占明迫切需要找到一个方向。

农民的直觉让王占明想到了农机。哈萨克斯坦是农业大国，但王占明发现，当地许多农民缺少现代化农业机械，而中国农作物耕种收机械化率非常高。于是，王占明找到了商机——将中国先进的农机出口到哈萨克斯坦。

2015年，王占明在哈萨克斯坦东哈萨克斯坦州注册成立了公司，购买了几十亩工业生产用地，建起了产品销售基地，把河南生产的中小型拖拉机和山东生产的收割机、播种机等卖到哈萨克斯坦。王占明说，选择东哈萨克斯坦州有两个原因：一是因为东哈萨克斯坦州是重要的农业州；二是因为它紧挨新疆吉木乃口岸。

吉木乃口岸成就了王占明的生意，像王占明一样的创业者成就了吉木乃口岸的繁华。

吉木乃口岸是哈萨克斯坦商品集散地，是中国与中亚国家开展经济、文化交流的国际大通道。记者在吉木乃口岸采访发现，每天都有大批客商来到这里，海关人员热情地邀请他们坐下来喝点茶，向他们介绍最新政策和发展机遇。

4年前的一天，王占明也像这些商客一样来到吉木乃口岸，他要办出口通关业务。可是王占明到的时候，已近中午，工作人员正准备结束上午的工作。"看到我来了，他们就没下班，抓紧给我办了手续。这样，一点没耽误下午货物通关。"王占明说，"吉木乃海关既管理又服务的做法，让我很感动，使我在这里发展的想法更坚定了"。

数字印证了王占明的感受。吉木乃海关关长姚武向记者说，2019年上半年，吉木乃海关进口整体通关时间20.56小时，比全国同期快23.87小时；出口整体通关时间0.63小时，比全国同期快4.03小时。这背后是一系列制度创新：在"6×8"（每周一至周六，全天8小时）工作模式的基础上，实施12小时预约办理通关手续；持续精简进出口环节海关需验核的监管证件，实现简单业务即时办结、复杂业务限时办结……

"我是与口岸一起成长的。"

"一带一路"翻开了吉木乃口岸发展新的一页，吉木乃口岸又打开了王占明新的视野。

以往，吉木乃口岸是机械设备和鞋靴出口通道，当"一带一路"倡议与哈萨克斯坦"光明大道"新经济计划对接后，吉木乃口岸成了进口葵花籽、有机面粉、野生冻鱼等的特色通道。

葵花籽，这让王占明眼前一亮。

王占明注意到，哈萨克斯坦农作物不施化肥、不打农药，是纯天然的绿色有机产品。"如果进口到中国，一定有巨大的市场。"王占明想。

想好了就做。王占明在吉木乃县建起了一座现代化油料作物加工厂，加工葵花油。为什么做油料加工？王占明说，"做油料加工其实是我家祖传的，我爷爷就生产过花生油，还有过一个品牌。"

记者在工厂看到，所有的机器设备已经调试完毕。王占明说："除了生产葵花油，工厂还生产亚麻油、红花油。"现在王占明正抓紧时间将成品送检，争取产品早日投放到国内市场。

吉木乃口岸不只联通哈萨克斯坦，它还是中国与俄罗斯、蒙古国等进行国际贸易的便捷通道。于是，王占明也盯上了俄罗斯的优质农作物，他在俄罗斯新西伯利亚市和巴尔瑙尔市成立了公司。"今年我们公司计划在俄罗斯购买4万多吨葵花籽、亚麻籽和油菜籽。"王占明说。

除了农作物，王占明还注意到哈萨克斯坦牛羊肉质优价廉、货源充足，于是，他在东哈萨克斯坦州设立了牛羊肉加工厂，在当地工厂将牛羊肉加工成小规格包装，然后速冻运到中国。

王占明总是与吉木乃紧紧联系在一起，用王占明的话说，"我是与口岸一起成长的。"

如今，吉木乃口岸边民互市贸易市场开通了"三日免签"通道，哈萨克斯坦客商在吉木乃口岸出入境时可享受72小时免签证便利。"三日免签"大大方便了哈萨克斯坦游客和商人顺利进出吉木乃口岸边民互市贸易区。得知这个消息后，王占明决定将产品全面加入边境互市中去，他还计划在互市中开两个店铺。

"真没想到你们会大老远跑过来。"

创业5年间，王占明最珍视的是一封感谢信。

2016年7月的一天，哈萨克斯坦库加尔玛县的一位农民肯杰发现，拖拉机工作不太正常。于是，他拨通了售后电话。让肯杰没想到的是，维修人员很快就赶到了他家里，而维修站距离肯杰家超过300公里！"我只是打电话试一下，真没想到你们会大老远跑过来，中国企业的服务真好！"肯杰说。

维修人员仔细检查拖拉机后发现，柴油底子的脏油把油泵堵塞了。经过清洗后，拖拉机运转正常了。肯杰非常高兴，宰羊做肉款待了维修人员。

后来，肯杰给王占明发来了感谢信。信中写道："中国制造质量好，中国企业服务好、讲信誉。"

很多像肯杰这样的当地人对中国制造交口称赞，最终汇聚成了中国制造的好口碑。2016年8月，多家中国企业在东哈萨克斯坦州举办农机产品展销会，东哈萨克斯坦州州长下通知要求，各县主管农业的副县长和农牧局局长必须参加。

中国的产品和服务为什么受欢迎？王占明总结说，"那是因为我们用市场规律吸引客户，用中国速度办事，用中国礼仪待人。"中国企业的服务体现在细节上。王占明说，"每到节假日，我们都会给客户发去问候。冬天快到了，我们就提醒客户注意设备防冻。"

深耕哈萨克斯坦5年，王占明深切感受到，"一带一路"真真正正惠及哈萨克斯坦。中国是哈萨克斯坦第二大贸易伙伴和主要投资来源国。2018年中哈双边贸易额接近200亿美元，同比增长10.4%。

2019年8月，王占明见到了东哈萨克斯坦州乌兰县县长阿曼诺维奇。谈到"一带一路"，阿曼诺维奇直接抛出一个问题：如果没有"一带一路"倡议，你会来东哈萨克斯坦州投资吗？王占明坦率地回答：不会。阿曼诺维奇说，"一带一路"使哈萨克斯坦人民更好使用上质优价廉的中国制造产品，"农牧民深有体会，他们的劳动强度降低了，经营收入增加了，生活水平明显提高了。"

（来源："'一带一路'照亮我的创业路"（众生相）[EB/OL].人民网，2019-10-17.http://politics.people.com.cn/n1/2018/0922/c1001-30309103.html）

思考：

1.为什么中国的产品和服务深受"一带一路"沿线国家的欢迎？

2."一带一路"政策是在中国和沿线国家的进出口贸易中起到了什么作用？

二、"藤蔓计划"给"一带一路"不同地区带来的创业机会

俄罗斯在读博士带领团队创建"中俄青年创新合作中心"

傅嘉烨是中国留学生会的主席，她带领俄罗斯青年创业团队与中关村"一带一路"产业促进会展开合作，正在创建"中俄青年创新合作中心"。

俄罗斯

"中俄在新技术、资源和材料、保健事业、教育、旅游和文化交流等方面有合作。但两国存在文化和法律的差异。一年来，我们有很多想法，希望未来我们能帮助减少障碍。最近由于疫情，世界上的贸易和合作减少很多，我们正在努力寻找新的合作方式。"傅嘉烨说。

已有超万人次国际青年参加"藤蔓计划"

记者发现，来自"一带一路"国家的青年都是"藤蔓使者"。

中关村"一带一路"产业促进会理事长张晓东介绍，中关村"一带一路"产业促进会是在北京民政部门依法登记的社会组织，主要推动中国创新科技融入"一带一路"建设，"藤蔓计

划"（国际青年创新创业计划）是促进会在"一带一路"的一个实践项目。

2017 年 3 月，"藤蔓计划"在北京启动，迄今为止有超过万人次国际青年参加了"藤蔓计划"。"'藤蔓计划'有一个愿景叫'百千万'，我们希望未来能够超过一万名国际青年在'一带一路'真正发挥作用，像藤蔓一样在各国衍生，为构建人类命运共同体作出我们应有的贡献。"张晓强说。

张晓强进入中国企业实习、Ramzi Inusah 在北京成立公司，都得益于"藤蔓计划"的帮助。

"通过'藤蔓计划'，我有幸在学校期间到各企业做短期实习，到工厂做实际的考察，通过各种活动受到培训。现在踏上了创新创业之旅，相信通过该计划积累的知识、资源、技术将解决本国人民实际问题和困难。"张晓强说。

北京某医疗公司人力资源负责人何梅介绍，他们公司每年都参加"藤蔓计划"外国留学生招聘专场活动，先后有来自哈萨克斯坦、苏丹、巴基斯坦、赤道几内亚等国家的几十名留学生参与公司的实习与工作。她举了一个例子，来自哈萨克斯坦的努斯丹（音），毕业于对外经贸大学，2017 年通过"藤蔓计划"招聘会进入公司实习，2018 年 4 月独自去乌兹别克斯坦建立了两家代理商，后续签订总金额 100 万人民币以上的订单。

北京农学会等培训毛里求斯人种蘑菇

除了"藤蔓计划"，北京还有很多平台帮助"一带一路"青年创业。"一带一路"青年联盟主席秦峰介绍，青年联盟过去两年集结了将近 60 家驻华使馆的资源和超过 20 多家海外大学的资源。"我们发现青年对于整个创业创新是非常热衷的，尤其是东南亚的青年，更希望了解中国的创业创新经验，带回到自己的国家运用到自己的创新项目中"。

在 2019 年 4 月举行的第二届"一带一路"国际合作高峰论坛上，中国民间组织国际交流促进会发起了开展"丝路一家亲"的活动，北京市友协等部门积极响应，策划和开展了一系列活动。北京市民间组织国际交流促进会秘书长徐强在"一带一路"国际青年创新创业论坛上发布了中国—毛里求斯农业交流培训项目。

"中国和毛里求斯自 1972 年建交以来，实施多层次的农业技术合作项目，中国农业技术的传授为毛里求斯农业发展和建设作出了贡献。毛里求斯福尔肯公民联盟是农业、畜牧业、有机农业产品、小型农业组的联合组织，致力于生态农业的可持续发展。为促进中国和毛里求斯两国农业科研领域的共同发展，改善毛里求斯小型农业种植者的生活水平，北京农学会、北京农业职业学院与毛里求斯社会服务理事会、毛里求斯福尔肯公民联盟、毛里求斯大学农学院决定共同开展食用菌种植技术培训项目。"徐强说。

据介绍，该项目由北京农学会、北京农业职业学院选派技术人员和职业教师，面向毛里求斯福尔肯联盟成员的农场主、农业技术人员、农民和其他有意愿学习食用菌种植技术的人员，通过在线直播教学和线上技术指导相结合的方式，开展食用菌种植技术系列培训。通过为期 6—10 个月（生产季）的培训，接受培训的人员能基本掌握两个蘑菇菌种的栽培技术，能在专业人员的技术指导下开展食用菌生产，并有一定的经济收益。

（来源：李玉坤. "一带一路"给当地带来哪些创业机会？听听非洲小哥怎么说 [N]. 新京

报，2020-09-08.)

思考：

1."藤蔓计划"是什么？

2."藤蔓计划"是如何促进"一带一路"沿线国家的青年发展的？

三、圆梦"一带一路"唐山人在柬埔寨的创业故事

孙丽：建一座海外仓，把唐山的大宗商品"运过去"

7月的柬埔寨正值雨季，西哈努克港的天气并不如想象中那样炎热。走下飞机，孙丽轻车熟路朝工地走去。这是她一年来第22次踏上柬埔寨的国土。

柬埔寨

此次，孙丽是来筹建海外仓的。她将带领团队在西哈努克港建一座大型现代化智能仓储基地，包含跨境电商大数据中心、商业信息大数据产业研究所、跨境电商孵化谷、智慧物流基地、跨境电子商贸展示中心等几大板块。这是一项较大工程，投资额达1亿元，孙丽对此信心满满。

然而，就在一年前，孙丽还只是一个开饭店的小老板。她聪明能干，在唐山餐饮界小有名气，人称"烤全羊孙丽"。正像很多80后一样，孙丽思维活跃，观念前卫，不甘现状，不甘人后。面对竞争激烈的市场环境，她一直在寻求突破。

2018年春天，唐山市商务局组织了一场"一带一路"政策宣讲会。孙丽报名参会。她坐在会场的一隅，聚精会神地听主办方讲"一带一路"政策。会中，一位来自柬埔寨的大使介绍了柬埔寨国情和商机。会议很快结束了，参会者纷纷散去，孙丽则陷入深思。

"一带一路"是国策，柬埔寨是"21世纪海上丝绸之路"重要节点国，响应国家号召，紧跟政策走，没错！孙丽决定到柬埔寨去看看。

柬埔寨地处东南亚，每年有一半时间是雨季。西南部的西哈努克市拥有国际型深水港，承载着柬埔寨90%以上的货物吞吐量。随着中国政府"一带一路"倡议的深入实施，不少中国人在西哈努克港支援建设。

2018年7月，孙丽来到西哈努克港，看到的是一个基础设施薄弱，生活物资匮乏，百废待兴的城市。但是，遍地的脚手架、塔吊，一幢幢在建的楼房蕴含着勃勃生机。经过几次考察，孙丽断定，正处于大开发阶段的西哈努克港充满商机，一定要把这个消息告诉国内的同行们。

开一家服务型公司，搭建中柬交流平台，帮助国内中小微企业"走出去"！说干就干——当年8月，孙丽带领第一波创业者共10人去柬埔寨实地考察，当次实现投资上百万元。

从此，孙丽平均每月两次往返柬埔寨，带领许多创业者去柬埔寨进行商务考察，对柬埔寨的政治、经济、文化有了一定程度的了解，对"一带一路"政策有了更深层次的理解。一年来，她带领团队帮助很多企业或个人在柬埔寨投资创业。拓宽了中国创业者的视野，加快了中国企业的国际化步伐。

随着对西哈努克港的深入了解，孙丽发现，在西港的建设中，大量建材源源不断从中国运进。而整个西港还没有一座大型现代综合仓储基地。在雨季漫长、空气潮湿的西港，货物存储一直是个棘手问题。

建一座海外仓——把运进西港的货物进行集中存储，智能化管理，统一流通。通过跨境电商把唐山更多的大宗商品和地方土特产运出去。孙丽知道，无论是我国政府，还是柬埔寨政府，对这个项目都大力支持。

"这座海外仓具备智能核验、仓储、分拣、管理、物流和展示功能。通过跨境电商模式进行线上订货，以逐步放大的实时交易数据为基础，实现跨境信息和数据综合运营管理。"谈起这项计划，孙丽非常兴奋，"在运营过程中采取供应链金融等商业手段，提升各项目板块的集成化盈利水平。接下来，可与多家国内外先进物流企业联营合作，进行物资集散和物流配送，解决货物最后一公里问题。基地还要提供一站式进出口通关和专业的财税代理服务"。目前，孙丽正在跑办各项手续，项目进展顺利。

"柬埔寨只是我们的首发地。未来，我们要对接更多'一带一路'国家，服务更多中小微企业走出去，把'一带一路'事业做深、做透、做实。"孙丽相信，人生只有走出来的美丽，没有等出来的辉煌。

张宇：建一座购物商城，把东南亚特色商品"引进来"

"柬埔寨盛产大米、热带水果；特产有燕窝、乳胶、翡翠、红宝石、东革阿里等；还有诸如手工织物、绘画、木雕、银器等艺术品。在西哈努克港建一座购物商城，把柬埔寨和东南亚其他国家的特色商品放进去，让去西港参观旅游的中国人都能买到满意的礼物带回国。"唐山创业者张宇谈起自己正在筹建的商城，满怀期待。

蓬勃发展的西哈努克港让人震撼

47 岁的张宇赶上了中国 20 世纪 90 年代改革开放的好政策，他于 1992 年下海经商，2003 年起开始涉足国际贸易，经销过铁矿石、木材。近年来，生意不大好做，张宇四处考察，寻找商机。2018 年 9 月，在朋友的引荐下，他来到柬埔寨的西哈努克港。

"第一次到西港，印象并不好，那里环境较差，消费特别高。"张宇回忆道，时隔两个月，当他再次来到西港，这里的变化让他十分震撼，刚刚还是荒草丛生的地方起了楼盘，建了一半的楼房已经封顶。夜晚想入住酒店，可是家家酒店已住满；中午想吃顿午餐，家家饭店都爆满。"眼前的一切说明什么？在这蓬勃发展的背后，是什么力量在推动？我能在其中做点什么？"张宇思索着，凭着一个商人的敏锐，他决定留下来，对西哈努克港进行全面考察。

共建"一带一路"政策为西港注入生机

走在西港的大街小巷，两旁的店面上写了不少中国字，擦肩而过的有许多中国人，耳中听到很多中国话，若不是看到一张张长着娃娃脸的柬埔寨姑娘们飘然而过，真会让人产生一种错觉，仿佛来到了中国的某个城市。

自中国提出共建"一带一路"倡议以来，先是一些国企陆续登陆柬埔寨，他们在那里修公路、建机场、搭桥梁、设水电站、铺光缆，开展轰轰烈烈的基础设施建设。到 2018 年，柬埔寨的西哈努克港突然火了起来，大批中国的建设者、民营企业主蜂拥而来，一夜间，西港成为一个大工地，一幢幢高楼拔地而起，地价随之飞升，像极了早期的深圳。

张宇了解到，西哈努克港是柬埔寨唯一的现代化国际深水港，也是免税港，各项经济政策宽松。这里通用英语，贸易采用美元结算，没有外汇管制，企业投资后可享受 3—8 年免税期。2019 年，西港发现了第一滴石油，储量达 20 亿桶。开放的金融政策、天然的港口优势、丰厚的石油储量、得天独厚的旅游资源、丰富多彩的娱乐业，使西港具备多元化发展优势。

通过"走出去"和"引进来"创大业

"国家号召我们走出去，给我们指明出路，我们就要跟着政策走。"张宇认为，做企业要看政策导向，中国市场虽然很平稳，但对普通的中小微企业来说，利润空间相对较小。这个刚刚开始走上工业化、基础设施还很不完善的国家，对国内普通中小微企业来说无疑是个优质的选择。

2018 年是中柬建交 60 周年，洪森首相频频访华。今年 1 月，又逢中柬文化旅游年开幕，双方文化旅游往来日益密切，2018 年去柬埔寨旅游的中国游客达 200 万人次。经过全面了解，张宇决定到柬埔寨创业。他把国内的生意转了出去，在西港国际机场附近购买了一块土地，紧锣密鼓地盖起了购物商城。接下来，他将把整个东南亚的特色产品"引进来"，创造共建"一带一路"政策下的人生辉煌。

（来源：范圣英，邢芸.圆梦"一带一路"三位唐山人在柬埔寨的创业故事［N].唐山晚报，2019-08-19.）

思考：

1.故事中提到的两位主人公是怎样发现这种跨国商机的？

2."运过去""引过来"成了"一带一路"中最主要的创业方式，你觉得影响这两种方式最大的助力是什么，为什么？

四、元朝辉：80 后新西商的"一带一路"梦想

7 月初，在以"'一带一路'：新时代 新西安 新西商"为主题的第二届世界西商大会上，一位 80 后企业家获得了"新锐西商"荣誉，他带领的西安丝绸之路电子商务有限公司把近百个"丝路驿站"布局在了广袤的哈萨克斯坦和俄罗斯境内，2017 年公司跨境电商贸易额突破 900 万美元，为丝绸之路经济带沿线国家跨境贸易发展贡献了年轻的力量，他就是——元朝辉。

巴基斯坦

跨境电商事业：因爱而起　为梦而行

在西安市国际港务区的办公室里，记者见到了这位年轻有为的内蒙古籍企业家。1983 年

出生的元朝辉 2001 年来到西安电子科技大学求学，此后便一直学习、生活在这座历史文化颇为厚重的城市里。作为在改革开放浪潮和市场经济环境下成长起来的新一代，他从学生时期就开始尝试各种各样的创业项目，灵敏地发现商机、创新商业模式、迅速付诸实践历来是他的强项，而宽松的市场环境、政策的指引支持则为他插上了梦想的翅膀。

元朝辉创办这家企业的初衷源于一段爱情佳话。2007 年，哈萨克斯坦姑娘阿妮塔到中国留学，元朝辉与她相遇、相知、相恋了，在两人交往过程中，阿妮塔的哈萨克斯坦朋友常常请求他们从中国购买日用品邮寄回国。日积月累，找他们代购的哈萨克斯坦顾客越来越多，两人在社交网站上建立了代购点，后来直接在卡拉干达、阿拉木图建立了两个小型的中国商品展示店，首次尝到了跨境电商的甜头。元朝辉说："在电子商务不太发达的中亚地区，实体店更符合当地客户的消费习惯，也更容易建立信任。初创阶段，我们选择"实体店＋网店"相结合的模式，除了个人客户，也逐渐吸引小型批发商来进货，单店月成交单量很快过万。"

2014 年，元朝辉与阿妮塔圆满完成 7 年爱情长跑，步入了婚姻殿堂。在这段跨国爱情升级的同时，"一带一路"倡议逐渐深入人心，元朝辉想到要将跨境电商事业做大做强，帮助中国企业"走出去"，并将哈萨克斯坦的产品"引进来"，为"一带一路"建设与中哈两国发展做贡献。据元朝辉介绍，哈萨克斯坦以重工业为主，加工工业和轻工业较薄弱，国内大部分日用消费品依靠进口，对外来商品依存度很高，市场上流通的高科技产品、生活日用品、轻工产品基本来自美国、德国、日本、俄罗斯、中国等国家。相比于中国在电子商务领域的迅猛发展，哈国的电子商务较为落后，物流发展不平衡，而这恰恰是需要深耕的广阔市场。

2015 年初，在西安市政府、西安国际港务区、陕西省内蒙古商会等组织的政策优惠、扶持帮助下，元朝辉在西安国际港务区注册成立了西安丝绸之路电子商务有限公司，潜心打造"丝路跨越境电子商务平台"，成为第一家进入哈萨克斯坦市场为企业提供海外仓派送、国际快递、海外 B2B 电商平台的高科技公司。

"梦想一旦被付诸行动，就会变得神圣。"是元朝辉的微信签名，他的跨境电商事业因爱而起，为梦而行。至此，这位成长在改革开放浪潮下的新时代青年用诚挚的真心、卓识的远见和踏实的干劲儿，将个人情感升华成为值得为之奋斗的神圣事业。

乘着"一带一路"的东风

2013 年 9—10 月，中国国家主席习近平在出访中亚和东南亚国家期间，先后提出共建"丝绸之路经济带"和"21 世纪海上丝绸之路"的重大倡议，得到国际社会高度关注。

2013 年 11 月，首列"长安号"国际货运班列从西安开行。

2014 年 12 月，"西安港"国际代码（CNXAG）、国内代码（61900100）正式启用。

2015 年 3 月，"一带一路"愿景与行动文件发布，支持西安建设国际陆港。

2016 年 8 月，中国（陕西）自由贸易试验区批准设立，成为西北地区唯一的自由贸易试验区。

"在 2015 年我着手创办企业的时候，'长安号'班列和'内陆港'理念已经被越来越多的人知晓，为陕西省乃至全国的企业'走出去'提供了一条便捷化通道。可以说，丝路城的发展壮大乘着'一带一路'的东风。"谈起"一带一路"倡议及西安加快开放、优化营商环境的政策，元朝辉眼里闪烁着希望与喜悦，"2017年1月，我们公司也搭上了中亚班列'长安号'，成了港务区首家使用'长安号'搭载跨境电商货物的企业"。

随着公司业务壮大、客户增多，2016年年底，元朝辉将阿拉木图的小型中国商品展示店全面升级，在当地最大的批发市场建设起一个面积3万多平方米、拥有1075个独立档口的集产品展示、仓储为一体的"丝路城电商卖场"。卖场为每个入驻的中国企业提供约50平方米的独立档口进行产品展示及销售，并且增加了仓储、包装、投递的配套服务。为了提高商品时效性、节省物流成本，元朝辉开始用"长安号"货运班列运载货物。以往在产生订单后，从中国直邮到中亚、俄罗斯地区最少需要30天，而通过"长安号"运送的货物可在9天内到达阿拉木图，15天内到达整个中亚、俄罗斯地区。

"2017年，公司出口货物达到了每月一个集装箱的高频次，我感受到业务不断扩张的喜悦，也从各项数据指标里看到了物流成本降低带来的切实效益。"据元朝辉介绍，物流在跨境贸易中占成本的一半，搭载了"长安号"以后，公司物流成本降低了10%，快速的物流也解决了库存问题，资金周转更为灵活。

截至2017年年底，公司的业务范围已经遍及中亚和俄罗斯地区，元朝辉在哈萨克斯坦的阿拉木图、卡拉干达，俄罗斯的莫斯科、叶卡捷琳堡、新西伯利亚五个城市建立的电商海外仓（分拣中心）全部投入使用，在终端市场所在地形成了互为补充的"辐射式分级物流网络"，并与俄罗斯邮政开展订单投递合作，进一步降低了物流成本，缩短了配送时间。店面的升级、物流网络的完善伴随着跨境销售额的逐年提高，成立短短两年后，2017年公司全年订单突破1 000万，出口额达到900余万美元，在西安国际港务区跨境电商出口量排名第二。

以五个海外仓为依托，公司又重新启动了线下电商体验店项目，通过加盟的方式在哈萨克斯坦和俄罗斯布局了78家"丝路驿站"。元朝辉信心满满地说："'长安号'开到哪里，我们就将丝路城海外仓和丝路驿站布到哪里，真正成为中国产品'走出去'的驿站。"

为"三个故乡"的发展而努力奋斗

在元朝辉心里，自己有"三个故乡"，他说："第一个故乡是乌兰察布，这是生我养我的地方；第二个故乡是西安，这是我求学、成家立业的地方；第三个故乡是卡拉干达，我是卡拉干达的女婿，哈萨克斯坦有我的梦想与事业。"

创业以来，元朝辉从来没有忘记过三个故乡对自己的支持帮助，也始终奔走在联络交流、回馈桑梓的道路上。2015年5月，元朝辉作为双方的家乡人，组织陪同陕西省商务考察团赴哈萨克斯坦阿拉木图和卡拉干达州寻觅商机，促成了海图汽贸、爱菊粮油等陕西企业与当地企业的合作事宜；2017年8月，元朝辉对接内蒙古代表团赴哈萨克斯坦参加阿斯塔纳世博会（EXPO），将故乡推介给全世界；2018年7月，陕西省商务厅经贸考察团时隔三年再次访问卡拉干达，与卡州工商联会谈，他用丝路城海外仓的硕果迎接了家乡的客人。在多方的联系与努力下，哈萨克斯坦卡拉干达州企业家联合会驻陕西办事处已经正式落户西安国际港务区，而元朝辉也在民间获得了"西安港'一带一路'形象代言人"的美誉。公司还在西安国际港务区设立了"西安港·丝路城跨境电商双创平台",通过"大电商"带动"小创客"的模式,为中外创业者提供零成本、低门槛的跨境电商创业机会,打造具有西安本土特色的"淘宝村",与西安多所高校签订了合作协议……

在记者采访的过程中,元朝辉还在满面喜色地推介着他刚刚用"长安号"从哈萨克斯坦进口的蜂蜜:"我们以蜂蜜为切入点启动进口业务,哈萨克斯坦的纯天然蜂蜜、小麦等农作物也很符合我国需求。'长安号'满载中国货品出发,我也衷心希望能满载中亚、俄罗斯货品回来,打开中国市场,更好的促成贸易畅通。"

2018年,依托西安港的资源,公司开始着手建设"西安港·丝路城"总部基地项目,力图搭建零障碍贸易通道,构建一个集信息流、物流、资金流、客流、商贸流于一体的综合服务体系,成为服务中国企业走出去和优质外企引进来的大通道和集散中心。

在采访的最后,元朝辉感慨地说:"作为在改革开放浪潮下成长起来的一代,我们享受了太多祖国强盛、经济发展、政治通达的红利,个人的成长成功紧密依托于时代的繁荣与发展。作为年轻的民营经济创业者,我肩负着莫大的光荣与使命;作为中哈两国的儿女,我和阿妮塔也有责任为家乡发展出智出力。'一带一路'愿景与行动提出了'政策沟通、设施联通、贸易畅通、资金融通、民心相通'总框架,我们将满怀爱国爱乡之心,为'五通'贡献自己的全部力量。"

(来源:鲁璐.元朝辉:80后新西商的"一带一路"梦想[EB/OL].中华工商网,2018-08-14.http://www.cbt.com.cn/rw/cyzx/201809/t20180928_62059.html)

思考:

1.元朝辉是如何开启他的跨境电商事业的?

2."一带一路"倡议在促进元朝辉的爱情事业双丰收之路中起到了什么作用?

参考文献

[1] 李时椿，常建坤. 创新创业管理[M]. 南京：南京大学出版社，2014.

[2] 黄海燕. 大学生创业教育[M]. 长沙：湖南师范大学出版社，2013.

[3] 刘金同，高慧婷. 就业与创业指导[M]. 北京：北京出版社，2014.

[4] 秦从英，李玉侠. 大学生创新能力教育教程[M]. 北京：现代教育出版社，2014.

[5] 庄文韬. 创新创业实用教程[M]. 厦门：厦门大学出版社，2016.

[6] 马雅红. 大学生创新创业教育基础与能力训练[M]. 北京：北京理工大学出版社，2016.

[7] 刘胜辉. 大学生创新创业基础[M]. 北京：北京理工大学出版社，2016.

[8] [美]布兰克，[美]多夫. 创业者手册：教你如何构建伟大的企业[M]. 新华都商学院译. 北京：机械工业出版社，2013.

[9] 知乎. 创业时、我们在知乎聊什么？[M]. 北京：中信出版社，2014.

[10] 万炜. 创业案例集锦[M]. 北京：中国人民大学出版社，2013.

[11] 韩雪，周颂. 大学生创业宝典[M]. 北京：中国金融出版社，2013.

[12] 杨华东. 中国青年创业案例精选[M]. 北京：清华大学出版社，2012.

[13] 李肖鸣，朱建新. 大学生创业基础：第2版[M]. 北京：清华大学出版社，2013.

[14] 张兵仿. 大学生创业基础教程[M]. 北京：时事出版社，2016.

[15] 李爱卿，叶华. 大学生创业基础[M]. 北京：清华大学出版社，2015.

[16] 刘平. 大学生创业基础[M]. 北京：机械工业出版社，2013.

[17] 吴运迪. 大学生创业指导[M]. 北京：清华大学出版社，2012.

[18] 郭广生. 我和创业有个约会——大学生创业教育理论与实践[M]. 北京：中国轻工业出版社，2010.

[19] 石冬喜，宋晓玲，吴高潮. 创新创业指导[M]. 西安：西安交通大学出版社，2016.

[20] 徐振轩. 就业指导与创业教育[M]. 北京：电子工业出版社，2009.

[21] 徐小洲，叶映华. 中国高校创业教育[M]. 杭州：浙江教育出版社，2010.

[22] 刘斯. 云南中药产业及企业成长研究——基于企业成长战略的视角[D]. 昆明：云南财经大学，2010.

[23] 任小巧. 高等中医药院校中医药类研究生创造力培养的思考[J]. 中医教育，2017（3）：56-59.

[24] 吴伟伟，严宁宁. 大学生创新创业教育[M]. 北京：经济科学出版社，2016.

[25] 兰维旺. 基于"一带一路"的跨境电商企业管理模式创新分析[J]. 现代营销，2021（34）：14-15.

[26] 任嫒嫒，杨楚欣，龙晓辉. 融合与创新"一带一路"沿线国家概况[M]. 北京：国家行政学院出版社，2019.